詩の根源へ

飯塚数人

藤原書店

詩の根源へ　目次

0　ポエムVS現代詩　9

1　史上で最も純粋な詩　16

文学は虚構言語なのか　16
世界を一編の詩に閉じ込めた男　20
純粋詩はいかに成立したか　24

2　純粋な志としての詩　28

毛詩大序にあらわれた詩の社会的機能　28
論語にあらわれた詩の社会的機能　31
詩経について　33
解釈の多義性（政治風刺として）　37
解釈の多義性（挽歌として）　41
解釈の多義性（人間への信頼）　43
解釈の多義性（呪術儀礼として）　45
誤読される詩経　48
整形される詩　52
孔子も詩を誤読した　55

3　音楽と演劇と孔子　59
詩に興こり　礼に立ち　楽に成る　59
古代中国における音楽　62
天上の絶対純粋世界　65
礼とは何か　71
礼の起源　75
変貌する礼　82
天という思想　86
劇的なる人・孔子　90

4　伝統主義者VS神話収縮者　94
金芝河をめぐって　94
伝統と個人の才能　97
詩か小説か　102
伝統とは何か　107
保守主義と新保守主義　111
ウイルソンが発見したもの　115
ロレンスが発見したもの　119

キリスト教と近代を乗り越える思想　123

5　現象する歌　129

言葉のない歌　129
音楽の起源をめぐる諸説　132
認知考古学者の冒険　139
全体的・多様式的・操作的・音楽的・ミメシス的　142
言語の起源をめぐる諸説　145
語源語・音素・音共感　149
動物との連続性が断ち切られる　153
詩的象徴の起源　156
唯言論の不毛　161
動物のことば　植物のことば　163

6　精霊としての興　166

自然を讃える先住民たち　166
一即多　多即一　171
フウィーヤとマーヒーヤ　174
芭蕉の詩の世界　179

詩経の志　181
興について　183
松本雅明の説　188
中国少数民族の歌垣　191
白川静の説　194
赤塚忠の説　198
古代中国の環境破壊　200

7 歌うことと語ること　203
投果という風習　203
死んだ鹿の謎　206
動物儀礼があった？　209
世界を説明するための神話　213
はじめに生命のあふれる世界があった　216
音声歌から詩が生まれるまでにあったこと　220
詩は自然にむかって呼びかける　225

8 成長する詩　230
霊的存在を歌う　231

シャマニズムのばあい　235
アフリカ人の世界観　239
気象と歌　242
個人の歌を持つ民族　249
自然が歌われはじめる　253
牧歌・農耕詩と民謡　256
アフリカとインドの呪文　260
古代文明と古代宗教　263
自然が支配される　266
苦悩と怒りが歌われる　268
真の伝統へ　272

8　詩の根源へ　275

あとがき　287

詩の根源へ

0　ポエムVS現代詩

日本のポエム化が進行しているという。

マンションやホテルの広告、大学の入学案内、ラーメン屋の宣伝、ファッション誌・ビジネス書の文章、さらには新聞のコラムまでが不気味に過剰に装飾され、そのためかえって、ツッコミどころ満載の、なんとも滑稽な言葉の羅列になっているのだ。

この問題を特集した『週刊ＳＰＡ！』でとりあげられたマンションポエムは「かつて、青い薔薇が幻の華として多くの人々の羨望を集めたように、今ここに、華麗な青い薔薇にも例えられる憧憬の邸宅が結実する」「華やかな賑わいを享受しながらも風格さえ醸し出す静謐な邸宅地」「街がサロンになる、街がパントリーになる。駅前を庭にする暮らしは、いつも私に応えてくれる」「天空に舞い踊る星々のトレモロ。人々の営みを物語る地上に散りばめられた灯火のロマネスク。あるいは、早朝のまどろみから朝日に洗われつつ姿を現す都会のエクリチュール」てなぐあい（「ポエム化する

日本」驚症例報告」二〇一三年九／一七・二四合併号）。

こうした表現をポエムと名づけ、日本のポエム化状況を最初に明示した小田嶋隆によると、《ポエムは、強いて定義するなら「詩になり損ねた何か」、あるいは「詩の残骸」と呼んでしかるべきものだ》という（『ポエムに万歳！』）。

こういった「ポエム」は、小田嶋が指摘するとおり、東日本大震災以降やたら蔓延したように思う。そういえばテレビでも、金子みすゞの詩といっしょに、「日本の未来を信じてる」なんて言葉が繰り返しやんなるほど流されていたっけ。震災直後のこの瞬間にポエム化は完成されたと小田嶋はいう。荒川洋治もこう書いている。《大きな災害のあとで、大量のたれながしの詩や歌が書かれて、文学「特需」ともいうべき事態が生じた。／とくに詩のほうは、ただのおしゃべりのようなもので、表現の工夫も、その痕跡もない。平明でわかりやすいが、ただの自己主張に近いものだ。だがこの即席の詩らしきものは、ことがことだけに、誰も何も言えないのをいいことに増長、拡大。人々の求める方向に流されていったのである。》（『詩とことば』）

つまり、日本国内で明らかにショックドクトリン（火事場泥棒型資本主義）ともいうべき事態が進行しているにもかかわらず、それをおおいかくすかのごとくに、空疎な美辞麗句ばかりが氾濫してるわけだ。その最たるものが保守政党の「日本を、取り戻す。」という標語だろう。いったい誰の手から取り戻すというのか。そもそも、「日本」とはどのような存在なのか、さっぱりわからない。政権による国民生活の圧迫と大規模な自然破壊をみるかぎり、それはかなりひとりよがりな観念だ。

何かを共有するのでも、理解するのでもない、一方的な自己主張。それがポエムの実体だ。岡庭昇は大戦中の日本の状況について、つぎのように記す。《ふつう現実は散文的なものであり、あえてその外側に立てられた理念や文学、美が、詩でありロマンであるといえる。だがここでは、ごく通俗的な生活現実のほうがロマンとして、いいかえるなら詩としてあらわれてしまったのである。国粋とか日本主義とか神州不滅とか昭和維新とか大東亜共栄圏といった当時の国策流行語は、みなこの「詩」にほかならない。》(『光太郎と朔太郎』)いままさに、おなじ状況が、権力によってつくりだされている。

小田嶋のコラムでとりあげられていたのは、スポーツ選手や芸能人のちょっと痛い表現だったが、のちにそれが進んで、企業内では社員に、ポエム化された社歌や社訓が無理強いされており、そうした強制力そのものがポエム化とよばれているらしい。こうなると佐高信の領分だが(ここで佐高の名をだすのは、彼が『男のうた』『人生のうた』『喜怒哀楽のうた』といったすぐれた詩歌の紹介本を書いているからだ)、小田嶋は東京五輪招致の宣伝文に強制的なポエムをみている。もはやポエムは自己主張を超え、ショックドクトリンに積極的に加担するものとなっているのだ。ネトウヨポエムやヘイトポエムが登場するのは時間の問題、いや、もう現に登場してるのかもしれない。小田嶋によれば、そもそもポエマーのふるさとは2ちゃんねるだという。T・S・エリオットは詩の社会的機能を、国全体の話し言葉と感受性に作用するものと規定したが、現在の日本語に巨大な影響をおよぼしているのは、なんといっても2ちゃんねるをはじめとしたインターネット用語に相違ない。他者の身体と隔絶された電脳世界の仮想空間で増殖する言葉。言語機能が衰弱するのは当然だろう。いっけん他人を思いやる言葉が、そのじつ自己満足にすぎなかったとき、意味は反転する。「日本の未来を信じてる」が「日本を、取り戻す。」になり、あげくのはては暴力的な排外主義にのみこまれる。ひとりよがりの自己主張はいつのまにか強制と支配の言葉に替っているのだ。

小田嶋隆はポエムの成立をさぐりつつ、《ある時期を境に、現代詩がどこまでも尖鋭的かつ難解になり、「素人に何がわかる」といった調子の作品ばかりになって自壊した後のスペースに、過剰なわかりやすさを武器にした相田みつをが登場してきた印象がある》とのべているのだが、詩壇を離れ、人の住まう場所にあふれた詩ならざる詩を採集した都築響一の先駆的業績『夜露死苦現代詩』を読むと、よく似てはいるのにちょっと違った感覚がみられる。都築は書く。《業界にはいくつもの現代詩の賞があるが、そこでいちばんになった作品を読んで、ほんとにわかったと思った経験が、僕にはもう20年以上ない。》《いったいいままで、若者たちがこんなに詩と真剣に向きあった時代があったろうか。》《詩は死んでなんかいない。死んでるのは現代詩業界だけだ。そんな小さな世界の外で、ストリートという生きた時間が流れる場所で、詩人とは一生呼ばれない人たちが、現代詩だなんてまわりも本人も思ってもいないまま、こっちに言葉の直球勝負を挑んでくる。》

都築響一が切実でリアルと考えた詩を、小田嶋隆は詩と似て非なるポエムととらえる。ストリートからネットへという環境の変化があるかもしれない。ひたむきだがぎこちない表現を、醒めた視線で茶化す小田嶋隆のやりかたも、みようによっちゃ過ぎ去った時代に制約された文体のポエムなんじゃないかと思ったりする。けれどどちらも、閉鎖された「現代詩」業界と対立する存在として感覚されているようにはみえるのだ。言ってしまえば、なにを詩と呼ぼうがポエムと呼ぼうがかまわないのだけれど、ポエム（素人詩）の対極にあるのが難解な権威と化した「現代詩」だという認識は共通しているように思う。

河上徹太郎は、ポオやバレリイの純粋言語をめぐってこう書く。《もはや現實と稱せられる事象はすべて無くなつて、世界は言葉から成り立つてゐる。これが言語唯物論の極限概念である。》（「純粋言語考」『河上徹太郎全集』第一巻）また、詩人の感性を駆使して八十年代に拡張するさまざまな言語表現を等価に分析し「現在」を把握しようと試みた吉本隆明も《言葉が完璧な世界として存在できる必須の条件は、すぐに指定できそうにおもえる。言葉を、それが指示しそうな実在物や事物から、たえず遠ざかるように行使すること。またおなじことだが言葉の秩序が事実の世界の意味の流れをつくりそうになったら、たえずその流れに逆らいつづけることである》（『マス・イメージ論』）とのべている。

こういった伝達機能を拒否した言語の純粋化が、人と人とをつなぐ言葉本来の力をうしなわせ、現代詩の世界を閉塞させている。だからこそ、思い入れたっぷりのポエムが生きた表現にみえるのだ。詩の社会的機能の停止と、国全体の感受性の鈍磨は、あるいは一体となって進行しているのかもしれない。

けれども、今日、わずかながらも別種の詩観が、感受性が、芽ばえはじめているように思える。

瀬尾育生は、震災後まもなく行われた講演録で、事物が語りだすというベンヤミンの言語観をとっかかりにして考える。人間の語りに先立つ諸物の超越的なことば、それこそが純粋言語なのだ、と。《人巨大な災害は、存在の全体が口を開き、いっきょに語りだした、「純粋言語の問題」だったのだ。《人間の社会システムが「役に立つこと」のなかで回転しているかぎり、自然の存在たちは、ただ沈黙して嘆いているだけです。だがそれがいつまでも続けば、言葉を持たない、同じ自然の沈黙に属するものとして、彼らに替わっていつか大地や海が人間に訪れてきて、人間に思いもかけない応答をするとしても不思議ではない。人間の社会システムが危機にさらされるときは、ふだん沈黙していた自然の存在たちがいっせいに語りだしているのです。》(『純粋言語論』)

瀬尾育生のいう純粋言語の意味は俺にとって必ずしも明瞭ではないが、河上徹太郎ののべた象徴主義的な純粋言語とは正反対のものだ、ということぐらいはわかる。事物と対話し、自然と言葉を交わす感性が、また人間同士の相互理解のためにも必要なのではないかと思わされる。

中沢新一は《「比喩」機能を前面に引き出して、むしろ隠喩や換喩の働きだけで、まとまりのある意味を生み出そうとする言語活動があります。それが詩なのです。》《詩は「比喩」の力を存分に利用して、ものごとの異なる領域を自由に結びあわせ、それによってあらゆるものごとが原初の全体性を保ったまま、相互に歌い交わしているような状態を、ことばによって生み出そうとしています》という(カイエ・ソバージュII『熊から王へ』)。そして中沢は、こうした詩の機能によって動物と人間との溝を埋め、動物が人間となり、人間が動物となるような想像力を、「対称性の論理」とよぶ。

これこそが、いまもっとも求められる思想ではないだろうか。強制の言葉から共生の言葉へ。支配の言葉から理解の言葉へ。人と人とをつなぎあわすだけでなく、人と自然を結びつける言葉が必要なのだ。これからしばらく、詩について考えてゆきたい。修辞や技法といった問題ではなく、詩とは本当は何だったのか、その根源を探りたい。詩を作品でなく、現象として捉えたい。はたして詩はなんのために、どのようにして発生したのか。それを知ったとき、詩とは何かという問いの答えが得られるだろう。

1　史上で最も純粋な詩

文学は虚構言語なのか

とどのつまり、小田嶋隆のいうポエムは現代詩と対応する概念だったといっていいのだけれど、両者は決して異質なものではなく、むしろ紙一重の関係ともいえるだろう。ナマの情熱をムキ出しにした言葉がポエムとよばれ、技巧を凝らし韜晦された表現が現代詩とよばれるのだ。素人芸と名人芸みたいなもんか。そう考えれば詩は気の毒な存在だ。難解だといっては攻撃され、平明だといっては嘲笑される。もちろんじっさいの詩がかならずしも難解と平明との二極分裂しているわけではないだろうけど、それでも現代詩ときけば難解という思い込みをあたえられていることはたしかだと思う。ではそういった詩の難解さとは何に淵源しているのだろうか。

多少なりとも文学を齧った人間が、詩ときいてまず思い浮かべるのは、文学領域の中でも最も強固に自立し、屹立した言語芸術作品だということ。河上徹太郎のべるところの純粋言語。だからこそ、ひよわな自己主張にすぎなかった初期ポエムが批判的にみられてしまうのだろう。けれども、言葉の機能がほんらい人と人とを結びつけるものだったとしたら、自立した文学作品としての詩は、言葉の道を踏みはずした、邪悪な存在になるのかもしれない。

マラルメは、かくのごとく記す。《話すことは、事物の現実に対して、ただ物々交換的な関係しかもたない。文学では、現実とは、暗示の対象とさえなればよく、事物のもっている性質は、そこからひき出されて、観念という形で実体化される。》（「詩の危機」南條彰宏訳、世界文学大系43『マラルメ・ヴェルレーヌ・ランボー』所収）

マラルメにおいて詩のことばは現実と切り離され、それじたいとして存在する仮構の小宇宙となって飛翔し、たゆたう。マラルメの夢想によれば、それはただ一冊の書物というかたちをとって、全世界を収録するのだ。《この世界にあって、すべては、一巻の書物に帰着するために存在する。》（「書物、精神の楽器」松室三郎訳、『マラルメ全集Ⅱ』所収）

こうした発想は言語にとってかなり特殊な使用法であるはずなのに、いつのまにかそれがねじくれて、西洋形而上学批判として機能するだけならまだしも、「現代思想」の常識となり、権威になって、世界のすみずみまで浸み透ってしまったのではないか。文字より声のほうが自然な存在だという、いわばあたりまえの発想が、顚倒され、意味の痕跡としての「書かれた物」だけが言語の本質と見做されるのだ。

竹田青嗣はすぐれた著作『言語的思考へ』において、意味を自然的事物的存在ではなく、人間の関係意識として生じる心的事象とみなし、言語理論上の問題を、発語主体が事実を正しく言語化できるか（認識＝表現関係）、受語主体が発語主体の意を正しく理解できるか（伝達＝了解関係）にみている。そしてこのふたつの関係を、確信成立の構造として捉えることが重要だとのべる。認識者が対象から得られた何事かを意味化し、表現すること。そして別の主体が他者のことばにこめられた意味を理解すること。哲学の素養のない俺が、竹田の精緻な論理をうまく記述しえているかおぼつかないけど、ほんらい言葉の本質は、発語主体と受語主体とのあいだの意の信憑（確信成立）にあったのだと思う。語り手と聞き手が意を了解しあうために。

発信者が不明の「書かれた物」についても、事の本質は変わらないと竹田はいう。どのような痕跡（文字）であるにせよ、主体の意を担っているという確信を喚起されうるならば、それは言語と呼ばれるものなのだ。

では文学テキストとよばれるものはどうだろう？　ジャック・デリダ『根源の彼方に』の翻訳者だった足立和浩は、新聞記事や立入禁止の立札などは、意味の伝達のためにのみ存在するが、これにたいし文学的作品は、伝達や再現を目的とはしていないとのべる。《作品は、たとえば作者の心の中にすでに出来上がっているような或る「意味」を語るのではない。発話者のエクリチュールは受話者にその言わんとする意味として一方的に押しつけられるのではなく、むしろ発話者と受話者との絶えざる相互作用＝戯れを通じて、不断に新たな相の下に生成するのだと言わねばならない。》（『戯れのエクリチュール』）

竹田青嗣いうところの「根源概念の禁止」を思想に据えたデリダは、「詩の根源」を探求するいまの俺にとっては無用の存在でしかないとしても、こうした考えは納得できる。テキストは作者の意を超えて、自由な読解を許すものだと思う。しかし竹田によれば文学テキストとて例外なく、その本質は発語主体と受語主体の信憑として成立している。どれほど虚構化された物語であろうとも、読み手が受け取るものは、そこにあらわされる人間観や世界の意味なのだ、と竹田はいう。

加藤典洋は、竹田青嗣の論考に多くを負って書かれた『テクストから遠く離れて』において、文学作品を特殊な「虚構言語」と位置づける。さらに文学作品の読み手が、書き手の意を了解するために、「作者の像」という概念を導入する。しかしこれはいわば方便として捏造されたもののように思われる。「作者の像」を仮設したところで、加藤の「脱テクスト論」的読解は、ある作品を「こうとしか読めない」ものだは思えず、したがって作品を優れているとする判断は恣意的なものとしか考えられないからだ。加藤のいう「普遍性への投企の姿勢」とは、竹田のいう「幻想的身体性」に基づく価値でしかないだろう。

学生時代からブランショやソレルスといった、「ポストモダン」「ニューアカデミズム」流行以前の、原テキスト論に親しんでいたらしい加藤は、またつぎのようにのべている。《文学作品を書く時、人は自分のかすかな「死」を感じる。》《なぜ文学テクスト（略）を書くことが、人間の行為として、他にない大きな意味をもつのかと言えば、これが、発語主体が現実の自分ではなくなる、現実の自分から解放される、ほぼ唯一の表現のケースだからである。》

けれどもこれはほんとうだろうか。すくなくとも俺は、文章を書くとき自分の死を感じたりはしない（この稿が文学作品だと仮定して）。むしろ自分が生きる証として書いている。現実の自分から解放されるとかいうのなら、原稿料や印税をもらうなよ、と嫌味のひとつも言いたくなる。

つまり、ここでもまた、マラルメの純粋言語が復活し、顔を覗かせているのだ。《純粋な著作の中では語り手としての詩人は消え失せて、語に主導権を渡さなければならない。》（「詩の危機」）

発語主体と受語主体のあいだに確信成立させることが、言語の本質だとするならば、文学はほんとうに「虚構言語」といえるのだろうか。はたして、嘘をつきたい、世界を虚構化したい、言葉を自立させたい、という欲望だけが文学創造の動機なのだろうか。人間が文学を生みだす根本的理由はもっとほかにあるのではないか。このことは本論をつうじて追求されるだろう。

世界を一編の詩に閉じ込めた男

ともあれ、マラルメは生涯を賭けて、数少ない自身の詩作を彫琢し、推敲し、全世界を一冊に包含せしむる書物を夢見つづけた。そんなマラルメの苦闘を戯画化したような小説が存在する。ＳＦ

推理作家フレドリック・ブラウンの「史上で最も偉大な詩」(『まっ白な嘘』所収)がそれだ。アメリカ批評界の大御所ルーパート・ガーディンを取材した駆け出し記者は、「史上で最も偉大な詩は何か」と問いかける。しばらく考え込んだ批評家は、やがてカール・マーニーという聞いたこともない詩人の数奇な運命を語りはじめる。

一九二〇年代、莫大な遺産を相続し、ハーバードとオックスフォードで学び、はやくも一巻のすぐれた詩集をものにし、美しい英国娘と婚約した二十三歳のマーニーは、結婚を前に冒険の旅に出た。南米最先端の岬から、サンフランシスコへ向けて帆船で出航したのだが、途上で嵐に見舞われ、チリの孤島に漂着してしまう。ヨットは壊れ、他の船の航路もなく、外部との連絡手段を持たないまま、島でのたったひとりの長い長い生活を余儀なくされる。そこには小屋を建てる一本の樹さえなく、穴を掘って住み、獲れる食料は魚のみ。それでも牛のように頑健なマーニーは生き延びる。苛烈な環境のなか、生物としての楽しみはほとんどなかったが、ただ彼には詩があった。孤島に打ち上げられてすぐさま、彼は狂気から逃れるため詩作にとりかかり、救いの船を待つあいだ、それに熱中する。《詩集ではなく、一大長編詩、彼の熱烈な人生愛、この孤島の窮乏の中で、かえっていっそう強く感じられる人生への愛を要約しているような大作を書こう、と彼は決心した。あのペルシャの詩人オマール・ハイヤームの「ルバイヤート」の詩形にやや則して、「ルバイヤート」のあの優しいメランコリーと快楽主義的なにがにがしい傑作意識をもたないようなもの。それは韻を踏み、格を整えた四行詩になるだろう。》(中村保男訳)

ラジオによってかろうじて外の世界とつながっていた彼は、消息不明の自分が死んだと思われ、一年半後には婚約者が別の男と結婚し、三年後には株式の暴落によって財産すべてを失ったことを知らされる。しかし彼は人生への希望をまったく失ったわけではなかった。失ったものはいつか取り戻せる。まだ絶望するには早い。《こういう調子の希望を彼は、にがにがしさが次第に基調となっていく変化の多い詩篇の中に、まだ輝かせつづけることができた。それはもう三年前に計画していた詩とは似ても似つかぬものだった。が、依然として偉大な詩であることに変わりなかった。いや、前のにくらべて真実味が増し、いっそうリアリスチックになったために、さらに偉大さを加えたといってよいだろう。形式の上では韻文から無韻詩《ブランク・ヴァース》に変わっていた。韻と格のわざとらしさが気ぬけしたものに思えてきたのだ。昼と夜が水攻めの滴の一滴また一滴のように時を刻むあいだ、彼は抑揚に注意を集中し、創案し、推敲し、完璧化した。》

　年月は過ぎ、ラジオは摩滅し外部との接触は完全に断たれ、魚ばかりの食餌のために健康を損ない、まだ二十代のマーニーの外見は五十の老人になっている。彼を生き延びさせたもの、それは詩だった。《彼はもっと短い形式を選び、そのごく限られた長さの中に自分の感じるすべてを詰めこもうと骨折った。集中につぐ集中。にがにがしさをこめた二行連詩。さよう、彼はまたしばらく韻と格をもつ詩形に戻っていた。そしてほとんど満足できるくらいまで、その四十八行、二十四スタンザの痛烈な二行連詩を完成させた。毒に満ちた世界から毒の最後の一滴を絞りとろうとするこの二行連詩のすさまじさ。》

六年がたち、彼はすでに気が狂いはじめていた。もはや、救いの船が来ることも、国へ帰って知人と再会することも望んでいない。彼はもう、頭のおかしな醜悪な老人でしかない。衣服は擦り切れ、歯は欠け、髪の毛の抜けおちた頭はひび割れ、素裸の体は骨と皮ばかり、皮膚は腐りかけた革のようになっている。体力も人生愛も希望も失った彼は、ただただ詩作のためだけに生きている。《圧縮。今では、それが仕事の眼目となった。彼は切り詰め、刈りこんで二連の二行詩を一連にまとめあげ、最後にすべてのエッセンスを一連の四行詩に圧縮し、あらゆる表現の鍵《キー》となる至上の四行詩を編みだそうとした。徐々に忍びよる飢えと、死と、狂気の中で彼はこの四行を何十回となく形を変えて試作したが、どれも完璧にはならなかった。／二行詩なら、できるかもしれないと気を変えて、それを試み、ほとんど満足すべきものができると、四行詩はすべて破棄した。たえまない圧縮の作業、ぎりぎりの一滴を絞りだす仕事がこうしてつづけられた。》

九年ののち、ついに救いの船がやってきた。その直前、カール・マーニーによる史上で最も偉大な詩が完成する。《彼はそれを最後の一滴、ぎりぎりの精髄、ただ一音節の一語に圧縮していた。とうとうものにしたのだ！　彼の身に起こったすべてを表現する完璧の詩が遂に。岸に近づく艀に乗った水夫にむかって声も裂けよと絶叫したのは、その一句だった。それ以後もいく度か彼はこれを絶叫した、が、他の言葉はついに一度も語らなかった。彼と九年の歳月とが合作した偉大な詩のみが彼の口から洩れた。／アメリカの批評界の大御所ルーパート・ガーディンはホテルのあの部屋でわたしのほうにぐっと上半身を傾けて、その詩を、無題で四文字からなる一語の印刷不能の詩を

朗誦したのだった。》

バルザック「知られざる傑作」の絵画「美しき諍い女」とおなじく、純粋さをつきつめた芸術表現はかたちをうしない、みえないものと化してゆく。技巧を極めつくしたあげく、技巧は溶解し、捨て去られる。一編の詩を徹底的に切りつめ、むだを削ぎおとし、純化したはてに生みだされたのは、文字に書かれる以前にまでさかのぼり、風に吹かれて消えてゆく、ひとかたまりの声に還元された絶叫だった。それはもう言葉ではなく、声帯をつうじて吐きだされる気といったほうがよい。かつて吉本隆明が『言語にとって美とはなにか』で想像した、青い海をみて〈う〉と叫んだことからしだいに意識をおしひろげ言語を発達させていった原始の狩猟人とは逆に、わずかな音声の中にカール・マーニーは人生すべてを凝縮させ表出させてゆく。世界を一冊の書物にするどころではない、たった一語の究極の純粋詩。もはや筆記さえかなわない一片の叫び声だけが、彼の指示するありとあらゆる世界なのだ。

純粋詩はいかに成立したか

彼自身、詩を発表したことのあるガーディンは「わたしの詩？　わたしの書いたものは、水で、吹きとぶ砂で書いたものだ。ここの原住民の煙文字と同じようにはかないのさ」とつぶやく。じつはこの言葉こそ物語の重要な伏線になっていることがよく読めばわかるが、マラルメの存在がマーニーの雛型だとしたら、ちょっと意地悪なこの批評界の大御所ガーディンは、「探偵小説なんかなぜ読むのだろう?」「誰がアクロイドを殺そうが」といった厳しい探偵小説批判でも知られる、アメリカを代表する文芸評論家エドマンド・ウイルソンを想起させ、そうなるとこの小説はあるいは探偵作家ブラウンによる大物批評家への意趣返しなのかもしれず、もしガーディンの雛型をウイルソンだと仮定するならば、カール・マーニーの物語は、ロビンソン漂流記というよりも、ウイルソンが「傷と弓」で論じた、孤島に置き去りにされたピロクテテスを連想させるし、またウイルソンの親友でもあったスコット・フィッツジェラルドの悲劇的人生の戯画のように思えてくる。

彼自身、詩を発表したことのあるウイルソンは、「韻文は滅びゆく技法か?」(世界教養全集別巻2『東西文芸論集』所収)という非常に含蓄に富んだ詩論を書いているのだが、彼はそこでつぎのようなことを言っている。

《「詩」とはなんだろう? 私の考えはこうだ。つまり、「詩」とは、かつてはあるひとつのものを意味していたのだが、今ではそれと違う種類のものを意味するようになっていること。したがって、古代、中世、近代の韻文作家たちを誰かれの別なく、さまざまな時代から引きぬいて頭のなかでごたまぜにしたあげくに、「詩」に関する一般論を述べたてたりすべきではない。それぞれの時代におけるその機能を考慮にいれたうえで、韻文と散文とを二つあわせて考えるべきであるということ。》(高松雄一訳)

たとえば古代ギリシャでは、神話も政治も医術も物理学も、おなじように韻文で記されていた。

現在なら散文で記されるような事柄のおおくに、韻文が用いられていた。そして韻文の作家であれば、内容のいかんを問わずおしなべて詩人と呼ばれていたようだ。つまり「詩」はそのまま「韻文」のことだった。アリストテレスは詩人と物理学者を区別しようと試みたが、にもかかわらずのちのちまで人人は韻文で書かれたものならなんでも「詩」と呼ぶ癖を改めなかった、とウイルソンは記す。

十九世紀にはいって、「韻文」から「詩」を切り離そうとする動きがあらわれる。これまで韻律を持った形式で書かれていた文章はすでにほとんどが散文にかわられ、新しい「詩」の概念が必要とされたからだ。文学者たちはさまざまに「詩」を定義しはじめる。コールリッジは詩を真理ではなく歓びを直接の目的とした形式であるとし、ポオは詩を音楽の茫漠さに近づけるべきと主張し、マシュー・アーノルドは「道徳的な深み」と「自然の魔術」を真の詩の特質とした。こうして「詩」の意味あいはだんだんと狭められ、きわめて特殊なものになってゆく。概念だけでなく、詩じたいも圧縮され、純化させられる。新たに書かれつつある詩だけではない。すでにある古典作品も、アーノルドやエリオットによって抜粋引用されると、読者の視覚を混乱させてゆく。全体として把握し享受すべきはずのダンテやシェイクスピアの大作でさえ断片化され、そこに存在する「詩」はたった一行の言葉に集約されているような印象をあたえてしまう……

ここでウイルソンがのべていることは、「純粋詩」という近代になってあらわれた特殊な幻想への批判と受けとってよく、ルーパート・ガーディンによるカール・マーニーの皮肉な物語とも合致する。「史上で最も偉大な詩」なんてものはない、さまざまな時代をごたまぜにしたまま「詩」の一般論をのべたてるべきではない、ということだ。現代詩はすでに過去の韻文とは変わりはてた、まったく別種のものになっている。詩がこのように追いつめられる原因は、もちろん散文が韻文を凌駕し、侵蝕し、のみこんでゆくことにある。芸術表現としても韻文はすたれ、小説に居場所を奪われ、滅びゆく技法となりつつある。かつてはどのような領域の書物の文体にも君臨していた詩は、みずからを磨ぎすませ、まるで金剛石のごとき一つの元素からなる小さな小さなうつくしい結晶と化して、身を輝かせるいがいに生き残るすべを持たないのだ。

この論考に先駆けたウイルソンの名著『アクセルの城』でも、すでにほぼ同じ問題が顔を覗かせているのだけれども、それが表明されているのはある著名な詩人にして批評家を取りあげた一章の中であり、ウイルソンとは相反する文学・社会理念を所有し、《ある種の純粋で、かつ、めずらしい美的精髄としての詩の観念をわれわれに押しつけてくる》(土岐恒二訳)その人物こそ、トマス・スターンズ・エリオットにほかならない。

2 純粋な志としての詩

毛詩大序にあらわれた詩の社会的機能

西洋では十九世紀から「詩」という概念の変容がもたらされた。ではもっとほかの時代、ほかの文明社会では、詩はどのように考えられていたのか。古代中国をみてみよう。

毛詩の大序にはつぎのように書かれている。

《詩は人の志の発露である。心に在るのが志で、それが言葉に現われて詩となる。心中に感情が動いて言葉に現われ、言葉に現わしただけでは足らずしてこれを嗟嘆し、それでも足らずして声を引いて詠い、歌っても足らずついに手の舞い足の踏むを知らざるにいたる。情が声に発し、声が高低清濁混じわって文を成すものを音という。治世の音は安楽だが、それはその政が和順であるからであり、乱世の音に怨怒の色があるのは、その政が道に背いているからであり、亡国の音が哀しく思い多いのは、その民が苦しんでいるからである。故に政治の得失を正し、天地鬼神を感動させること詩にまさるものはない。古の王者は、この詩というものによって、夫婦の道を正し、孝敬の徳を成し、人の道徳観念を厚くし、教化を見事にとげ、風俗を善に向かわしめた。》(目加田誠訳)

この言葉は、たとえば吉本隆明の精密で詳細な議論などとくらべればきわめて単純素朴で、けっして正しいとまでは言えないとしても、詩の発生を語るものとしてそれなりに納得できる人も多いのではないだろうか。青い海をみて〈う〉と叫ぶように、湧きだした感情が声になる。声はながびき歌になる。律動する身体は舞踊を生み、歌は調べをととのえ音楽になる。《詩が人心の偽らざる発露であるから、詩によって人心の向かう所を知り、為政者の反省に資し、また同時に詩によって人の性情を陶冶することをも言おうとする。風とは上はこれをもって下を風化し、下はこれをもって上を諷刺し、ちょうど風というものが、目には見えぬが、漂うていって、草木をなびかすように、歌の声は伝わって、人の心を揺り動かす。切なる思いを歌にうたって恋人の心を動かし、あるいは民衆の怨嗟がいつか歌声となって為政者の耳に響いて、その反省を求め、あるいは一族の祈りをうたって神の心を動かそうとするなど、すべてそれは、歌の徳である》と目加田誠は解説する(中国古典文学大系15『詩経・楚辞』)。

発達した芸術はまた社会を変える力を持つ。乱れた世にはやる詩は社会を反映し、政治はその声をすくいあげ、変革に尽力する。それによって世界は正しい方向へ歩んでゆく。これはすべて文学の持つ偉大なる威徳なのだ……

だがしかし、ここまでくると、ちょっと待てよ、てなかんじで素直に納得できなくなる人もでてくるのではないか。はたして文学にそれほどの力があるのだろうか。文学で世界を変える。いまどきそんな理想を持っていたら、鼻で笑われるんじゃないかと思う。しかし翻って考えると、文学に社会的影響力なぞ必要ないというほうが、もしかすると時代の制約を受けた、特殊な思想なのかもしれない。

毛詩序はまず詩の起源から書き起こされ、つづいて詩の社会的機能にふれているのだが、高橋義孝はそれについてこんな面白い指摘をしている。《この序においては、一方の側に、志・心・情・情性があり、他方の側には、道・徳・教化・善・礼儀・人倫・正が立っていて、これら規制されるものと規制するものとを果して何者が媒介するのか、その点に関してはここには一言も述べられていない。》《教化や道徳に反対するものこそすなわち「情」だと考えられるが、ここではそのような教化や道徳の対蹠者であるところの当の情の発露としての詩が却って「夫婦の道を正し、孝敬の徳を成し、人の道徳観念を厚くし、教化を見事にとげ、風俗を善に向かわしめ」るのである。もし「心」に在って動く「情」が、予め教化され陶冶されていないとしたならば（しかし予め教化され陶冶されていないという点にこそまさに「情」の「情」たる所以のものがあろう）、これは一種の詭弁であるとしなければならない。》（『近代芸術観の成立』）

つまり自然な感情の発露としての詩と、人間の社会性を規定してゆく役割を担う詩という、ふたつの別別の詩観がひとつの詩論のなかに混じりあって共存していると捉えられているわけだ。目加田誠がのべるように、純粋にほとばしる志は詩となって多くの人の心を動かし、ひろがりうるだろう。それがいつしか為政者に利用され、変質し、イデオロギー支配につながってゆく。文学が政治に屈服する。いやむしろ、文学が政治に利用できるとの錯覚に陥るというべきか。マルクス主義文学理論批判でも知られ、西洋の美学・文芸学に通暁した高橋ならではの鋭い着眼だが、なぜそうなるに至ったのか？　その答えを見つけだすためには、古代中国の詩を探り、それがどのように発生し、どのように受容されたのかを、考察しなければならない。

論語にあらわれた詩の社会的機能

論語にはつぎのような孔子の言葉が記されている。《子の曰《のたま》わく、小子、何ぞ夫《か》の詩を学ぶこと莫きや。詩は以て興《おこ》すべく、以て観るべく、以て群すべく、以て怨むべし。邇《ちか》くは父に事《つか》え、遠くは君に事え、多く鳥獣草木の名を識る。》（先生がいわれた、「お前たち、どうしてあの詩というものを学ばないのだ。詩は心をふるいたたせるし、ものごとを観察させるし、人々と一しょに仲よく居らせるし、怨みごともうまくいわせるものだ。近いところでは父にお仕えし、遠いところでは君にお仕えする〔こともできるそのうえに〕、鳥獣草木の名まえもたくさん覚えられる。」）

引用は最も入手しやすい岩波文庫の金谷治の訳に拠ったが（以後も特記しないかぎり同書に従う）、

心をふるいたたすという「以て興こすべく」の部分を貝塚茂樹は「ものを譬えることができる」と訳している。吉川幸次郎の注釈には両方の意味が併記されている。この「興」という語についてはあとでふれるが、いずれにせよ孔子は詩のもたらすさまざまな効用について語っているのだ。教養や感受性を豊かにするだけでなく、社会性や道徳を学ぶためにも、詩は必要とされる。「以て群すべく」とは、詩を共同研究することという説もあるが、儀礼の場で詩を唱和することによって人人が結びつけられるとも受けとれるだろう。「以て怨むべし」とは詩によって政治を批評風刺するとの意味だそうで、「邇くは父に事え、遠くは君に事え」は吉川幸次郎によると《人間関係の道徳に関する示唆を、多く含むことを、二つの頂点によって指摘した》という（中国古典選『論語』）。これによって詩の社会的機能がつよく押しだされている。

詩にかんする孔子のもっとも知られている言葉はやはり《詩三百、一言以てこれを蔽う、曰わく思い邪《よこしま》なし》ではないだろうか。この「思い邪なし」について貝塚茂樹は《詩の本質は純粋な感情が自然に流露し、しかもそれが調和をたもち、表現が適正で、けっして過度におちいってはならないことをいいあてた、すばらしい名文句である》（世界の名著3『孔子・孟子』）と説明する。このように、純粋な感情の表現であるはずの詩が、秩序の安定という政治目的に利用される。邪のない思いに、イデオロギーが入りこむ。高橋義孝が批評した毛詩大序とおなじく、孔子もまた、ふたつの別種の詩の機能をすんなりと受け入れている。というより、毛詩が孔子の詩観を受け継いでいるのだ。

ここで孔子ののべる「詩」こそが、古代の民衆や王族や貴族といったさまざまな階層の歌であり、中国最初の詩集であり、儒教の聖典であり、のちの『毛詩』であり、現在おもに『詩経』とよばれている書物のことなのだが、これからさきすこしばかりその変遷の歴史をごくおおざっぱに辿ってみたい。

詩経について

さかのぼること三千年ほどまえの周王朝時代に、民謡や宗教歌や宴の歌などが多数記録された。周の王室には采詩の官とよばれる役人がおり、毎年諸国をまわり、土地土地の歌謡を集め、朝廷に献じたといわれる。それにより民衆の風俗を知り、彼らの政治に対する不満や希望を知るてだてとしたとも考えられている。とうじ三千篇はあったとされる歌謡を三百余にまとめあげたのは孔子だったと史記に書かれているが、たしかなことはわからない。詩は「風」「雅」「頌」に大別されているが、それらを正しく分類整理したのも孔子だったといわれ、論語にもそうした発言が残されている。風とは諸国の民衆歌謡。雅は大雅と小雅にわかれ、小雅は貴族の宴会で歌われ、大雅とは公的な王室のつどいなどに歌われたものらしい。頌は周王朝の儀礼での宗教歌のことをいう。

孔子登場以前の、周が衰退し各国がしのぎを削った春秋時代には、あつめられた詩はすでに列強の外交に利用されていたようで、交渉の場での自国の主張の論拠にとして、あるいは宴席で国やおのれの心情や志の喩えとして、詩は引用され歌い奏された。さらに《人を諌めるにあたって、詩経のあることばを哲人のことばを引用するような尊敬においてとりあげ、直接非難めいてものをいうよりもいっそう効果的に、婉曲に相手をさとす例もある。また、自説の客観性、真実性の裏づけに、詩経にもこう申しておりますとつけ足して、みずからの主張の価値を強める例もある。あるいはまた、他国に使者として派遣され、相手側から饗応として奏された詩経の演奏のあるものは気持ちよく受けいれて拝礼したが、家臣である自分が受けるのにふさわしくない詩経詩篇の奏楽の場合にはこれを無視したという例もある》（鈴木修次『中国古代文学論』）という。この時期、詩は政治目的、もしくは社交目的にのみ利用されていたらしく、このように詩を断片的につごうよく詠いあげることを「断章賦詩」とよぶのだが、春秋左氏伝にのみ記録されるこれらの慣習を、目加田誠はある短い期間だけの一時的な流行とし、白川静は後世により作為された逸話と推測している。牧角悦子は《孔子は、この外交の道具に堕してしまった『詩』を、本来の意味での教養の書として広く士人に普及させた点で高く評価されている》（『中国古代の祭祀と文学』）と書いているけれども、論語には《詩経の三百篇を暗誦していても、それに政務を与えても通じが悪く、四方の国々へ使いにいっても一人で応対できないのでは、たとい〔暗誦〕が多くとも何の役にたとうか》という言葉もあり、詩が実務に利用されることじたいは必ずしも否定してないように思われる。

やがて孔子の教えは思想界の主流となり、『詩』は聖典化される。しかし秦の時代、始皇帝によって儒教の経典はことごとく焼きつくされてしまう。秦はまもなく滅亡したため、漢代にはただちに失われた書物の再構成が始まった。とりわけ『詩』は、がんらい口承されるものゆえ、復元は容易だったとされる。魯詩・韓詩・斉詩という学派があらわれ、おのおの独自の解釈で詩を伝えた。これらは今文《きんぶん》とよばれる、とうじの新しい文字（隷書）で書かれていたが、そのうち戦国時代の古い文字で記された資料が発見され、研究が進み、それら古文学を大成した毛詩という流派が興る。こちらのほうが信頼がおけるとされ、後漢の儒者鄭玄によってさらなる注解がつけくわえられるにおよび、前記三家の学はすたれ、文献は失われ、『毛詩』もしくは『毛伝』とよばれる書のみが残され、今日まで伝えられている。さきにふれた、『毛詩』巻頭におかれた詩論を大序といい、ひとつひとつの詩に付された説明を小序という。『毛詩』と孔子時代の『詩』には多少の異同もみられるらしく、論語や春秋左氏伝には現在つたえられていない詩も引用されており、それらは逸詩とよばれている。

漢の時代は儒学が国教に定められたため、聖典である詩につけられた注釈は経学の権威とされる。それは「美刺」とよばれる、もっぱら儒教的見地から、詩を政治や道徳とむすびつける読み方だった。『詩』に収められた「風」とか「国風」とよばれる古来の民謡は、どれも政治を風刺する表現と捉えられてきた。しかし宋の時代にはいり、新たな儒学が勃興し、詩の解釈も進展する。朱子学の創始者である朱熹は、それまで政治の寓意と評されてきた詩のいくつかを民衆の恋愛詩と読み、淫奔の詩と断じた。以後『毛詩』の序を古注とよび、たいして朱熹の『詩集伝』は新注とよばれるのだが、それでも決定的に毛詩の説をくつがえすまでには至らなかった。詩経という名称はその後の南宋時代あたりから使われはじめたものらしい。清代にはふたたび古注の実証的研究がさかんになる。

近代になると周王朝より古い殷時代の甲骨文字が発見され、考古学が飛躍的に発展してゆくのだが、どうじに西洋では民族学に拠った古代研究がすすめられていた。二十世紀初頭、フランスの社会学者にして中国研究家のマルセル・グラネは『中国古代の祭礼と歌謡』において、ベトナムの祭祀や歌謡との比較から、詩を農村の民俗と結びつける。《グラネーは詩を古代の季節的な祭礼と舞踏において即吟された、即興的な文学としてとらえようとした。詩はそのような祭礼の場において、競争的に歌われた口誦の文学だとするのである。（略）詩篇の解釈には誤りが多いとしても、この異国人によって古代歌謡研究の方法論的な問題が提示されたことは、きわめて示唆的である》と、グラネから多大な影響を受けた白川静は書いている（『詩経』）。十数年おくれて、詩人の聞一多は詩を古代人の生活と思考から読み直し、《およそ詩を学ぶに、漢人は功利観念に随して『詩経』を政治読本として扱い、宋人はいくらかましだが、やはり尤もらしい道学から脱け切れず、清朝人の研究は客観的だが、訓詁に限られて、そこに詩はない。近人は科学的方法をとってはいるが、如何せん唯物史観とか非唯物史観とかの論は詩から離れることすでに遠い。明らかに一部の歌謡集であるこの『詩経』を何故文芸として扱わぬのであろうか》と主張した（目加田誠「聞一多評伝」『洛神の賦』所収）。グラネは社会学的、聞一多は民俗学的方法だと白川静はのべている。現在では、詩は呪術祭礼から生成し、歌垣の場などで民衆の恋愛詩や生活詩として、あるいは貴族の宴席などでは一族を讃える詩から憂き世を嘆く悲痛な慷慨詩へと、しだいしだいに変化をとげながら歌いつがれてきたものと考えるのが研究者の一般的見解ではないかと思う。ここにきてようやく、詩は儒教のイデオロギーから解き放たれ、思い邪なき発生の地点に立ち戻ることになったのだ。

解釈の多義性（政治風刺として）

さて、ここからは詩経という、こんにち一般的な名称を使うことにさせてもらおう。「断章賦詩」についてはさきにふれたが、おなじように詩の任意の一部を切りとり恣意的に解釈することを「断章取義」とよぶ。全体として把握し享受すべき古典作品を断片化させる混乱が、すでにはじまっていたといえるのだが、そうした解釈がやがて詩全体におよんでゆく。詩経全体がイデオロギーにおおわれ、誤読され、意味が歪む。白川静はつぎのように書く。《おそらく今までに『詩経』をひもとかれた多くの人びとが、その近づきがたいふしぎな解釈にとまどいを感じられたことであろう。》（『詩経』）

いや、だけど、解釈にとまどうのならまだいい。漢学者のあいだでも受け取り方がまちまちなのだから。まずそれ以前に詩の中身が意味不明だ。俺をふくめて一般人がおいそれと詩経の内容を理解できるはずなんかないだろう。たいがい一般人が詩を読むときは、それこそ作者の志に共感したり、字句の美しさを味わったりするものだから、読下しをいきなり眺めたところで、まさしく珍文漢文でしかないし、現代語訳でみても、やっぱりわかったようなわからないような気分で読み飛ばしてしまうのではないか。あまたある訳文や注釈や参考書をいちいちつきあわせてまで意味をつかもうとする根気は、詩経をダシに評論でも書こうとでも思わないかぎり、ふつう持てないだろう。

じっさい、俺がはじめて詩経国風を読んだのは大学生のとき、筑摩書房の文学全集に収められた橋本循訳注のもので、やっぱりわかったようなわからないような感じだったのだけど、最も、というより、たったひとつだけ印象に残り、おおいに感銘を受けたのは、曹風「蜉蝣《ふゆう》」という一編だった。

引用してみる（世界文学大系7『中国古典詩集★』）。

蜉蝣《ふゆう》の羽《はね》
衣裳《いしょう》楚楚《そそ》たり
心の憂え
於《いず》にか我帰り処《お》らん

蜉蝣《ふゆう》の翼《つばさ》
采采《さいさい》たる衣服
心の憂え
於にか我帰り息《いこ》わん

蜉蝣《ふゆう》掘閲《くつえつ》して
麻衣《まい》雪の如し
心の憂え
於にか我帰り説《やど》らん

詩の冒頭には《国俗が奢侈に流れて国の危亡を憂えるものがないことを嘆じたものであろう》という説明が添えられている。橋本による通釈をみてみよう。

《蜉蝣という虫は（朝に生れて夕暮には死ぬる短い生命のものであるが）その羽は鮮明な衣裳を着たようにうつくしい。（それにつけても国の危亡を心配もせずに、その衣裳を飾ることの多いことである。われはこれらの人々のあさはかな、さきの見透しのできない浮薄な状態を見て）心に憂え悲しむのである。さて何処にわが身を安らかに落ちつかせて止まり居るべきであろうか。》《蜉蝣という虫は（朝に生れたら日暮には早や死ぬる儚い命のものであるが）その翼は美しい色どりの盛んな衣服を着たように華やかである。（それにつけても思うことは、この国の人々は国の危亡を憂えずに、わが身の衣裳を整飾することにのみ骨を折っている。まことに浅陋な前途の見透しもできずにいるのを見て）われは心に憂え悲しむのである。さて何処にこの身を安らかに落ちつかすべきだろうか。》《蜉蝣は（地中に生じ）地に穴を掘って、（そこから地上にあらわれてくる。朝生れて日暮に死ぬるということも知らずに）その雪のように鮮潔なからだは、ちょうど白い麻衣を着たように美しい。（それにつけても、この国の人はみな衣裳を飾ることにのみ努めて、この国の危亡について遠い慮りを払うものはない。）われはこれを思うて心中憂え悲しみに堪えぬ。さて何処にこの身を安らかに落ちつかせて息うべきであろうか。》

美しい詩篇の言葉から、雪のように白い清楚な麻の衣をまとった美しい女性と、どうじに、ふわふわ宙に浮かぶカゲロウのほそながく白い身と手足と触角と、すきとおったレース状の羽が巨大にクローズアップされて俺の頭に喚起され、やがて女性のほっそりした肢体を包む衣裳の裾もすきとおったレース編みにみえてきて、オギオギする（三十年前に小堺一機と関根勤がやってたラジオ番組で使われてた欲情の表現）。外にはカゲロウの舞うように、しんしんと雪が降っている。カゲロウに象徴される生命のはかなさが、落ちては溶けるかよわい雪の粒とかさなり、「心の憂え」という一句の持つ内面の孤独がくりかえされるたび肌寒くつきささり、俺の心を悲しませ、とめどなく涙が頬をつたう。はたして自分の帰るべき真の居場所はどこにあるのか、と激しく苦悩し懊悩する。通釈を読めば読んだで「世界はこのままでよいのか、一体どうすればよいのか」という現行大量消費資本主義社会への憤怒の情が湧きあがる。

いうまでもなく、ここでは「美刺」とよばれる、政治風刺としての詩の解釈がおこなわれているのだが、この作にかぎらず、多くの詩がそのような解釈にさらされている。そしてとうじの俺は、詩経とはそのような政治を風刺する作品群だと、とくに疑問を抱くこともなくすっかり納得していたってわけだ。

解釈の多義性（挽歌として）

その後ほどなくして、白川静の『詩経』を読み、解釈の違いにびっくりした。そこにはマルセル・グラネからうけつがれ、万葉歌との比較や、古代中国文化の該博な知見から独自に導かれた、民俗学的手法による読解がおこなわれている。柴刈りや草摘みといった、詩に描かれるなにげない情景は、古代人の呪術や儀礼をうたったものの名残と考えられており、政治との関連は否定されている。

「蜉蝣」は挽歌と捉えられる。

白川訳をみよう（『詩経国風』）。

かげろふの羽
衣裳さやけし
心ぞかなし
我もこの墓《おくつき》に

かげろふの翼《はね》
衣服けざやか

心ぞかなし
我もこの墓《おくつき》に

かげろふのからぬぐ如く
喪《も》の衣《きぬ》は雪の如し
心ぞかなし
我もこの墓《おくつき》に

きらびやかな美と憂国の観念は消去され、これまでになかった、死のイメージが強調されている。美しい衣裳はぬけがらに変容し、憂いは愛するものを失った葬送の悲しみへと変わる。アリとキリギリスの物語を思わせる享楽と乱費から破産と窮乏へという寓意を伴っていたカゲロウの存在は、はかなくきえゆく生命そのものの譬えになる。白川の解説はこうだ。《曹風の「蜉蝣」は、「毛序」に国人が国君の華奢をそしった詩であるとし、吉川博士の『詩経国風』などもその解釈である。海音寺氏の訳ではどうも恋愛詩らしいとするが、これも実は挽歌である。》(『中国の古代文学』)《旧説では、この詩を曹の君主(昭公)が美服をまとうて、国勢の微弱をも憂えぬことをそしる詩であるという。詩を読む心をもつものには、何とも首肯しかねる説である。哀調にみちたこの詩が悼亡の詩であり、挽歌であることは、誰の目にも明らかなはずである。そしてまた蜉蝣《かげろう》のように、霊がぬけ出して再生することを願う思いが詩の発想にこめられていることも、疑いのないことである。死の衣裳は、蜉蝣のような楚々たるうす物であった。清らかに葬られた妻よ、そなたのもとにはやがてはわれも赴くであろうと歌う。掘閲は土中の蜉蝣の状をいう。各章末句に、いずれは同穴の契りを果たそうという表現によって、尽きることのない愛惜の情が寄せられている。》(『詩経』)

この《何とも首肯しかねる説》に拠っているのが橋本循なのだが、白川が橋本の弟子であることを、最近知った。白川が恩師を謗るつもりはないだろうから、仮想敵は名指しされた吉川幸次郎かと思われる。その吉川はみずからの注訳書で《近ごろは民俗学的方法を参酌した業績が、ぼつぼつあるが、それも原則として利用しない。まだ体系を成すに至らないと感ずるからである》(中国詩人選集1『詩経国風』上)とのべていて、両者の根深い対立を窺わせる。

解釈の多義性(人間への信頼)

とはいっても、白川静もさすがに吉川幸次郎に詩を読む心が不足していると考えてはいないだろう。吉川はつぎのように書いている。《中国の文学を貫くもの、それは人間の善意への信頼であると、私はかねがね考えているが、詩経の詩の根底にあるものも、その態度であり、かつこの態度を、後代の文学よりもより純粋な形で、文学の歴史のはじめに示すゆえに、以後三千年の文学の古典であったのであり、またあるのであると、考える。》《人間の善意に対する信頼、それが詩経の根底にあることは、国風百六十篇の詩のほとんど全部が、誰かにむかっての呼びかけであるということによって、まず示される。呼びかけられる相手は、正しいあるいは正しからぬ為政者であったり、是認されるあるいはされない恋人どうしもしくは夫婦であるという風に、眼前の近い距離にいることが多い。》《このように呼びかけの詩のみで占められているということは、それ自体、相手の善意に対する信頼があるからである。是認しがたい相手に対してさえも、そこには最小限度の善意の残存が、期待されている。したがって哀訴、嘆願、忠告であり、呪い、悪罵ではない。》《要するに詩経の詩人は、人生を安定したもの、合理的なものと感じている。少くともそれを原則と感じている。不安定なもの、不合理なものとは考えていない。これは中国の後代の文学が、ひろくその地色としてうけつぐものである。しかし後代の文学では、人間を、運命の枠のなかにいる不安定な不合理な存在として見る態度が、往往にして、地色の上におおいかぶさる。詩経はそうではない。さればこそ、古典なのである。》（中国詩人選集2『詩経国風』下）

白川静は詩経に古代人の人間を超えた存在への祈りの習俗を発見した。しかし吉川幸次郎はあくまで、詩を人間にむかってのよびかけと看做している。そのよびかけに邪な思いはないだろう。そうした解釈はきまりきった経学的観念からきているのではない。恋し、憤り、悩み、悲しみ、喜び、歌い踊っている生きた人間を、詩の中に読み取っているのだ。吉川は、詩経の大部分を恋愛詩が占めるとし、それを尊重した孔子は、ゆえにまた男女の愛情にも価値を認めていたと説き、孔子の思想にも、人間への深い信頼を見出す（『論語について』）。いちおう吉川は、人間の善意が天への信仰によって支えられているとみてはいるものの、そこにあまり重きを置いてはいない。《呼びかけるべき相手を自己の周囲に見うしなった場合、詩人は稀に「天」によびかける。》《もっとも「天」の字は、相並ぶ古典である書経に於けるほどには、頻繁に現われない。》

けっきょく吉川幸次郎は、詩経に人間だけをみて、人間を越える存在を重視していなかった、あるいは、そのような存在を信じる古代人の心性を強く想像しなかった、とはいえるかもしれない。関口順は古典と経典を混同する吉川を、古文派の経書の捉え方の影響下にあるとし、さらに事実と観念を歴史的に位置づけることに関心を持たないと指摘している（『儒学のかたち』）。古代中国はいまだ謎につつまれており、史書の記述はあてにならない。にもかかわらず研究は古典文献に拠らねばならない。つまるところ吉川は、詩を詠む人の純粋な心を信じながらも、どうじにこれまで読み継がれてきた経学の解釈をも信じなければならないという矛盾を抱えている。それゆえに学者としては冒険を避け、新しい方法を否定し、古い注にたよって詩を読解せざるをえなかったのだ。

解釈の多義性（呪術儀礼として）

しかし《誰の目にも明らかなはずである》というわりには、「蝣蝣」挽歌説をとなえるのは白川ぐらいで、海音寺潮五郎にかぎらず、むしろ恋愛詩とする人が多く（マルセル・グラネもそのように解している）、田所義行は《これは大分ふざけてゐる。（略）今日だつたら、さしあたり、バーやキャバレーで酔客が浮いた気分で、小奇麗なホステスをからかってゐる情景だらうか》（『毛詩の歌物語』）として、つぎのように訳す。

かげろふの　羽色うつくし　乙女子の　もすそあざやか　わが心　とみにわくわく　わがやどで　一夜あかさん
かげろふの　翼あざやか　乙女子の　たもとひらひら　わが心　とみにわくわく　そひねせん　こよひ一夜を
かげろふの　真白のころもに　さもにたる　雪の麻衣　著たる女に　血しほかよはせ　うれしさを　ともに分かたん

こちらは憂国のおもいも弔いのかなしみもなく、やけに軽い小唄になってしまう。漢詩というのは読み下しだとずいぶんといかめしく感じられるけど、訳しようによってこれだけ変わってしまうものなのだ。

また赤塚忠は、《この詩は、奢侈を刺る（小序）のでも、人生をかげろう（蜉蝣）のように見たてて人生の儚さを歎ずる（王静芝説）のでも、美しい人に恋慕するのでもない》（赤塚忠著作集第五巻『詩経研究』）として、もっと根源的直接的に呪術と結びつける。古代中国人にとって昆虫は精霊であり、夏の祭りには穀物の成長を祈るために、虫の湧くこともまた願ったらしい。周南「螽斯《しゅうし》」にもキリギリスの多産が謳われている。赤塚説をふまえた福本郁子も、カゲロウは穀物の生育する一定時期にさかんにあらわれること、日本でもカゲロウが群がるときは雨が降る、魚が多く獲れるといった俗信があることから、《蜉蝣の群がり飛ぶは、降雨や多産、豊饒と関係のある呪物とされていたのかもしれない》（石川忠久著、新釈漢文大系111『詩経』中巻）とのべ、つぎのように訳している。

かげろうの羽よ、その衣裳の美しさよ。心はかくも憂わしいので、どうか我がもとへとどまり給え。
かげろうの羽よ、その衣服の美しさよ。心はかくも憂わしいので、どうか我がもとへとどまり給え。
土より出づるかげろうよ、その麻衣は雪のごとし。心はかくも憂わしいので、どうか我がもとへ息い給え。

比喩や寓意ではなく、カゲロウはそのままカゲロウとしてあらわれている。いや、カゲロウそのものではなく、カゲロウの霊というべきだろう。字句をみただけでは受け取りにくいが、これは豊饒をもたらす地上の精霊に向かって、どうかこの場にとどまっていてほしいと願う人間からのよびかけなのだ。周の祭礼では歌とともに宙をたゆたうカゲロウを模した舞が披露されたのではないかと赤塚忠は推測している。

誤読される詩経

それにしても、同じひとつの詩に、ここまで解釈に違いがでてくるのかと轟くほかない。文学テキストとかいうヤツにもとりあえず意の信憑（志）を求めたいと思う俺とすれば、いったい誰を信じればいいのかと嘆くしかない。

このように人によってまったく違った解釈があらわれるのも、詩経の内容が現代人にはよういに理解できないものとなっているからだが、それ以前に、漢代にはもうとっくにそんな状態になっていたといえるのではないだろうか。崇めるべき孔子が読んだようには、詩を読むことがかなわない。孔子がどのように詩を読んだかがわからない。すがるべき権威が存在せず、内容さえ不明だとすれば、自由な読解がおこなわれるほかない。「誤読する権利もある」といわんばかりに。

ここで一つ注記しておかなければならないことがある。

二十年ほどまえに発見され、上海博物館に所蔵されている戦国時代の竹簡のなかに『孔子詩論』と題された書物がある。それらはどこからか盗掘され、売りにだされていたものだという。現在解読がすすめられているそうで、孔子没後百年あまり経過して書写されたものと推定される。毛詩以前の、孔子の時代に最も近い『詩』の貴重な資料なのだが、その論述には『毛詩』とは違ったいくつかの特徴があるという。まず「美刺」の観念がなく、歴史で作品を解釈したり、詩を政治理念や儒教思想の説教道具とする傾向が見られない。作品の内容に基づいて詩を論じており、「断章取義」が見られない。「比」「興」といった詩の修辞の概念が見られない（徐送迎『東アジア文化圏と詩経』）。これはかなり重要な問題で、孔子が詩をどう読んでいたかを知るための大いなる手がかりになるはずだ。なお小南一郎はまったくぎゃくに《いささか断片的で、教条化されており、論語に見える柔軟な詩経の受容とその活用よりも、漢代に経典化されたあとの詩経理解に近い》（書物誕生『『詩経』歌の原始』）とのべているのだが、残念ながら『孔子詩論』は現在のところ日本語で読むことが叶わないので、今後の研究の進展を待つしかない。

加地伸行は儒教の歴史を、原儒時代・儒教成立時代・経学時代・儒教内面化時代、と区分している（『儒教とは何か』）。やや似ているが呉智英は前儒教・原儒教・経学儒教という言葉で分けている（『現代人の論語』）。詩は加地のいう原儒（呉のいう前儒）時代の産物になり、毛詩は経学時代であり、そうなれば孔子詩論は中間の儒教成立（原儒）時代といっていいだろう。加地伸行は経学の発展を、周から秦へ、秦から漢へという政治体制の変化に適応しようとしたものと捉える。孔子時代に理想とされてきた封建的共同体から、中央集権的官僚機構に社会全体が変わるとき、儒者たちは体制にのりおくれないよう思想を変革しなければならなかった。そのため古典の再解釈が必要とされる。かつては「誤読する権利」を主張していた批評家が、やがて自己権威化し、あたかも王道を歩むがごとく「作家になりたければ○○に学べ」と威丈高に叫びはじめるように、儒者たちは誤読を正読と強弁し、古典の言葉を権威化し、歪んだ解釈をおしつけるのだ。

毛詩に収められなかった「逸詩」についてはさきにすこしふれたが、宮崎市定は論語の文体にやたら繰り返しが多いことに注目する。それはうしなわれた詩の引用だったのではないか、そしてそれが孔子の言葉の中に融けこんでしまったのではないかと想像する。《なぜ注釈家がそれを地の文に読みこんでしまったかといいますと、これにはわけがあると思います。それは、一体現在の詩経というものは、大昔から伝わっていた詩がたくさんある中から、孔子が三百篇だけを拾い出して、現在の形にしたのだという伝説があって、これが現在の詩経を解釈する前提になっております。／ところが論語の中には逸詩の引用がわりあいに多いのであります。そうすると、なぜ孔子がその詩を詩経の中へ取り入れなかったかという問題が起こるのであります。(略) 現在の詩経というものは実はそんなものではなく、儒教のある派のものが編纂したもので、孔子みずから編纂を行なったものではあるまいと考えられております。ですから論語の中の詩と、詩経の中の詩とが異っているのは当然であります。我々から見るとむしろ論語の中に引用された逸詩の方が本当の詩経で、今の詩経の方が出処があやしいのであります。同じことを注釈家が気付かない筈がありません。／そこで、今の詩経が儒教の重要な経典となってきますと、論語の中にあまりにも多くの逸詩、詩経に採用されない詩が残っていては困るのであります。立派に論語の中で教育に利用されたところの詩が何故詩経の中に編纂漏れになってしまったか、その説明がつかぬと、詩経のほうでも困りますし、論語を教えるときにも困る。そこで論語の中にある詩は、注釈家ができるだけこれを地の文章の中に読み込んでしまった。どうもそういう細工がしてあるように思うのであります。》『論語の新しい読み方』）

こうなると詩の解釈どころか、現在つたわる詩自体が（そして論語も）後代の儒者に捏造されたということになる。貝塚茂樹は逸詩を孔子時代の新しい流行歌ではないかとみている。宮中で奏されるものではなく、民間で歌われていた俗曲ということらしい。宮崎説がどのていど根拠あるものなのかド素人の俺には知る由もないけれど、『詩』を編纂するさいに、そぐわない多くの詩が切り捨てられたことはたしかだと思われる。考えてみればプラトンも国家（正義）に奉仕しない詩の削除および詩人の追放を主張した。鈴木修次は、性的な民衆詩は孔子によって削除されたと考え、《詩経の詩は、教科書としてふさわしく、怪奇なもの、ふざけすぎたもの、人間の性情をいちじるしくかきみだすものは、大体において除かれ、整形手術が加えられた。そして士君子が読むのにふさわしいものに整理された》（『中国古代文学論』）とのべている。けれど朱子が淫奔と評しただけあって、男女の交渉を予感させる詩はあり、田所義行は国風百六十首のうち百三十篇は恋愛を歌ったものとしている。

加地伸行は、経学時代に発見されたとする古文献は偽書であり、さらに始皇帝の焚書も史実ではなかった可能性を示唆している。たとえ史実がなくとも、焚書が行なわれたとする伝説さえあれば、失われた聖典が隠匿され存在していたとしてあやしげな文書をふりかざし、自己の言説をつごうよく権威化する口実にできるのだ。《詩に数多くの効用・機能・目的を考えざるをえなかったのは、古人の素朴な合理主義的精神の発現と見なすべきではなかろうか》と高橋義孝は指摘しているが

（『近代芸術観の成立』）、そこには巧妙な政治戦略が隠されていたようだ。では宮崎市定のいうように『詩経』もまた偽書なのか、はたして『詩』と『詩経』はまったくの別物なのか、という疑問が湧く。それでも白川静・松本雅明・赤塚忠・家井眞といった日本のすぐれた研究者の業績をみると、その詩はいくらかの変形を蒙りつつも、やはり古代から祭礼儀式で歌われ、記録されたものと信じるべきではないかと思われる。彼らの詩経論についてはのちあらためて考察しよう。

整形される詩

てゆうか、だいたい孔子の時代にはもうすでに、詩にうたわれる古代の習俗はうしなわれ、その原義が不明になっていたのではないか。詩も古いものになればはじめに歌われていたころから数百年は経過しているはずだから、そのあいだに中身も大幅に改編され、歪められ、ゆえに恣意的な解釈、断章取義が行なわれるようになっていたと思われる。儒者たちも孔子の教えをまったく無視して勝手な解釈を施したわけではないだろう。その読解はすくなからず孔子の思想に由来しているはずだ。そもそも詩は朝廷に献じられ、儀礼の場で楽師によって演奏され、社交の場で王侯貴族に口ずさまれたものなのだから、露骨な言葉で豊穣を祝う歌や、民衆社会のあけっぴろげな風俗詩は外部からの整形のみならず、解釈による意味の変更が内部から施され、お上品な楽曲として受け入れられた可能性はあるかもしれない。

竹中労「溱ト洧ノ水ハ渙々タリ」(『琉球共和国』所収)はまさにその問題をするどく抉っている。竹中は采詩による人民教化という思想に疑問を呈し、孔子によって淫奔の詩はことごとく切り捨てられたと考える。おなじように、日本でも民謡研究家によって、真のうたは整形を施された。竹中は民謡全集と銘打った本では取りあげられることのない、秋田のこんなうたを紹介する。

コラ　おら家の娘こ
田の草取り行て
アンベ(女陰)さ泥鰌入れた
泥鰌コもドジョッコ
きろきろめかして
オヤええでや　ホンガホガア

こうした猥歌は、研究者により歪められ、変形され、お上品な「民謡」として活字化され、ほんとうのうたは滅ぼされてゆく。《詩歌によって〝人民の苦痛を訴え政治批判をこころみる〟という発想自体、実はとんでもない間ちがいなのだ。〈うた〉というものは、そのような皮相的な〝政治主義〟によってではなく、より根元的な人間の自由への欲求の深部から噴き上げて、体制を破壊し、〝法と秩序〟との呪縛から人びとを解き放つ。》

フォークソングに失望した竹中労は、孔子以前の、詩ならざる真の土俗の歌謡に匹敵する存在を沖縄に求める。そこにはこんなうたがある。

半皮《はんき》とるタニ（男根）や
色ぬぎて来《こ》うりばヨ
我ね女《いなぐ》やとてィ　ジントーヨー
否《んば》ぬなゆみ
（あなたのオマラが皮むいて、いろめき立ってやってくりゃ、イヤとはいえない、女ごころ）

竹中の仕事は、添田知道『日本春歌考』や松永伍一『定本うたの思想』とともに、ひとびとのあいだでひっそりと歌い継がれてきた、詩ならざる詩を発掘した、都築響一『夜露死苦現代詩』の貴重な源流といえるだろう。しかし俺はもうちょっと生真面目に、猥歌春歌は豊饒儀礼から発達したものと考えたい。たとえばナイジェリアのヨルバ族にはエシュという神のこんな歌がある（山口昌男『アフリカの神話的世界』）。

我らは歌うエシュを讃えて
ある時我らのエシュ様が

川に橋を架けるため
自分のペニスを使ったとさ
ところがそいつが折れたので
旅する奴らは川の中
我らは歌うエシュを讃えて

こうした性にまつわる愉快な表現に、山口昌男は神話的な男性原理の象徴を探っている。古代中国で採集された民間歌謡が王朝貴族に整形されるように、民衆のあいだでも歌の原義が失われ、神話的な儀礼の歌が労働や娯楽の歌に転じ、自然への祈りが下品な猥歌になり、職業楽師のあいだでさらにまた政治風刺・憂国詩に変わってゆく、ということはあっただろう。さっきみたように「蝃蝀」にまったくちがった読解が行なわれるのも、民衆から支配者へ、さらには儒者へという、歌われる(読まれる)側の層の変化があったからだと思われる。エドマンド・ウイルソン風にいうなら、それぞれの時代における機能を考慮にいれる必要があるのだ。

孔子も詩を誤読した

『孔子詩論』に断章取義はみられないようだが、じつは孔子もたびたび断章取義によって詩を語っている。たとえば「思い邪なし」という言葉は詩経魯頌「駉《けい》」の一部なのだが、元になっている詩篇はつぎのようなものだ。

たくましく、またたくましき牡馬
遠き野にあり
いささかそのたくましきを言はむ
鼠毛あり　月毛あり
膣白《はぎしろ》あり　魚《まじろ》あり
車につくればさらに猛し
それひたすらなり
まこと駿馬

（海音寺潮五郎訳）

この、「それひたすらなり」が「思い邪なし」にあたるのだが、海音寺は《「思」は単に調子をとのへるための語で、意味はないのです。「邪《まがれ》るなし」と訓んで、単に「ひたすらだ」といふ意味です》とのべる（『詩経』）。また目加田誠は「邪」は同音の「余」の当て字で、「余りなく他なく、ひたすらに」を意味するという説を紹介している。

「ひたすらに」という言葉と「邪念のない」という言葉は、日本語で考えるかぎりそう意味の差は遠くないように思えるのだが、詩に詠われる、まっしぐらに平原を疾走する牡馬の具体的な描写と、孔子ののべる、詩を詠むものの純粋な心という抽象的な意味合いとでは、やはりずいぶん隔たりがあるといえるだろう。貝塚茂樹は、孔子の時代には古典文法が崩れ、助詞の「思」が「考える」という具体的意味を持っていたと解釈している。

孔子は理想社会と看做していた周王朝を再興させることこそ、乱れきった世を正す道と考えており、ためにその全盛期からうたいつがれてきた詩と音楽を愛し、継承に力を尽くした。劇場国家である周の伝統的儀礼祭式を取り戻し、社会を治めることが、彼にとって世界を救い平和にみちびく唯一つの方法だった。それを最もはっきりいいあらわしたものが、「思い邪なし」という言葉だったのではないだろうか。そしてそれは、詩に託された、理想主義者孔子の世界観の表白でもある。国国が、人人が、あらそいをやめ、心を一つにすること。政治と文学を一つにすること。いまここで戦後行なわれた政治と文学論争に立入る余裕はないけれど、高橋義孝とはまた別に《すぐれたたかい芸術が、しひられずともただしい政治に通ひうる》（荒正人「第二の青春」）という見解もあるわけで、もし社会体制が間違いのないものならば（そんな社会があるならば）、誰もが平和に幸福に楽しく暮らし、邪な思いなぞ存在するはずがないともいえる。しかしながら、その「思い邪なし」という言葉、詩が人の志の純粋な発露であるとする中華文芸思想の原点からしてすでに、詩の言葉の意味がねじまげられたものだったのだ。

詩経三百篇の作品群とは、カール・マーニーの（あるいはマラルメの）作品のごとく、たった一人によって言葉を紡がれ、推敲され、きりつめられ、徹底的に純化されたはてに生みだされた、というようなものではない。地霊によびかけ、天によびかけ、人間によびかけられた数数のいのりが、ながい歳月を経てたくさんの人人に歌いつがれ、多くの志がふくざつに絡まりあい、ふくれあがり、さまざまな意味が重層的に付加され、できあがったものだ。「思い邪なし」という言葉もまた、詩にまとわりつく解釈のひとつにすぎない。いやむしろ、解釈によって詩を強引に純化させようという試みとも受けとれる。原義を超えた読解をつけくわえられ、はじめて詩は聖典になる。詩経とは、そうしたいろんな思惑が生みだした解釈もふくめて、成立しているのだ。孔子はなんとしてでも詩を純粋なものと捉えようとする。それは理想社会の儀礼に用いられた神聖なものだったからだ。孔子にとって、詩のもたらす雑多な機能や効用は、その純粋さの証しにほかならない。邪のない心から歌われる詩は、邪のない世界への純粋な祈りの発露なのだ。それは聴く者読む者の心に届き、邪な思いを取り除いてゆく。志が詩をつうじて広まってゆく可能性を信じること。あるいは孔子もカール・マーニーとおなじく、流浪をつづける悲惨な境遇の中で、みずからの理想を純化し表現すべく苦闘していたのではなかったか。

3　音楽と演劇と孔子

詩に興こり　礼に立ち　楽に成る

詩は断章取義により歪められた。もちろん、論語や毛詩でのべられている詩観がそれだけで無効になるわけではない。毛詩序のひとつ重要な点は、詩がまず声にだして歌われるものだった、ということではないだろうか。諸橋轍次の『大漢和辞典』で詩の項目を引いてみると、「楽の音を調へる譜章」「楽器にあはせてうたふこゑ」「うたふ」といった意味が述べられている。孔子もまた、詩を聴き、歌い、楽器を奏し、皆と唱和した。詩は歌であり、歌は音楽でもある。しかし、《詩に興こり、礼に立ち、楽に成る》（〔人間の教養は〕詩によってふるいたち、礼によって安定し、音楽によって完成する）と論語にあるように、詩と音楽を別物と孔子は規定しているようにみえる。

エドマンド・ウイルソンは「韻文は滅びゆく技法か？」のおしまいのところで、韻文と音楽の関係にちょこっとだけふれている。ギリシャの詩にえがかれた風景は歌われるものだったのにたいし、ローマの詩は風景を心の眼に定着させているという。そんなぐあいに、音楽が文学に変わるとき、聴くものが読むものに変わるとき、あたりまえだがそこには感覚の変化も伴う。もし「駉」が「思無邪」と、声にだし、節をつけて歌われるばあい、「思」という発音は聴覚をつうじて、まっしぐらに駆ける駿馬と結びついてくるだろう。しかし詩を文字で読むばあい、「思」は浮きあがり、抽象化され、違った意味が付着するのかもしれない。視覚の混乱があらわれるのだ。孔子は弟子に詩を教えた。彼らにとって学ぶとは、まず詩を読むことだった。書き記された文字の群れを眺めることとは、たとえそれらが呉智英の指摘するように声に出して音読されたものだとしても、歌うこととは違う。それはすでに、《心中に感情が動いて言葉に現われ、言葉に現わしただけでは足らずしてこれを嗟嘆し、それでも足らずして声を引いて詠い、歌っても足らずついに手の舞い足の踏むを知らざるにいたる。情が声に発し、声が高低清濁混じわって文を成すもの》ではなくなっている。心中からほとばしる感情ではなく、聖典として権威化され固定された文字列があらかじめ存在し、人はただそれを条件づけられたようにひたすらなぞりかえし、音声化するだけだ。楽曲がうしなわれた漢代以後ではなおさらだろう。歌謡から歌詞がきりはなされ、文字に記され、書物にまとめられたとき、詩は音楽ではなくなり、竹田青嗣風にいえば意の信憑がうしなわれ、どのような解釈をも許容される文学テキストになるはずだが、俺の興味はそこにはない。

書経には、舜帝が音楽を司る官に、《詩というものは、人が心に意図する所を言語に表現したものであり、歌というのは、(詩が意味する所をよりよく表現するために)言葉を引き伸して詠じたものだ。楽器の音階によって、このひき伸した歌に旋律を付け、律呂の調子によって、楽器の音を調和させる。八種類の楽器の音色が協調し合い、(ある楽器が他を圧倒して)おたがいの調和を破るようなことがないならば、神々をも、人々をも、和らげることができるのだ》(尾崎雄二郎他訳、世界古典文学全集2所収)とのべる場面がある。また礼記には《およそ(音楽の)音は、もともと人の心から生まれたもので、感情が心中に動くとそれが音声になって外に現われるのである。そしてこの音声が(高低強弱などに変化して現われ、その変化のしかたに一定の)原則を持つに至って、これが(音楽上の)音とよばれる》(竹内照夫訳、中国古典文学大系3所収)と書かれている。

これを読んでわかるのは、書経や礼記にある音楽の定義と、毛詩にある詩の定義はほとんどおなじものであり、それはつまるところ、発生の順序のあとさきはあるとしても、詩と音楽は古来同一のものと見做されてきたことだといっていい。孔子の学校でも、詩を読む物としてだけではなく、楽の演奏とともに歌うものとしてあわせて教えていたにちがいない。だのになぜ孔子はあえてふたつを分けて語っているのか。そして人格形成人間修行において、詩から礼、礼から楽、といった段階分けをしたのだろうか。

古代中国における音楽

浅野裕一は古代中国における音楽の意味をさまざまに検討している（『墨子』）。楽とはまず第一に、宇宙の規則性を表示するものだった。社会が秩序を保って運営されるためには、人間を包摂した宇宙の理法が必要とされる。人はその大いなる規則に従うことで、全体の秩序を安定し生活するのだ。そのため、天体の、星星の動きが注目される。それは数学的計算が可能な規則性を示す。おなじように、音階もまた、数学的計算が可能な規則性を備える。天文と音律は宇宙が整然たる秩序体であることを保証する理法になった。

つづいて呪術的性格。《楽器が発する音律は天界の理法を人間に告げるものであったから、その音階によって、天道が将来どのような禍福を人に与えるか、事前に予知することが可能だと思考された》《また音楽には、官能に強く働きかけて人を陶酔させ、ついには人の精神を極度の興奮状態、いわゆる神がかりにする性質がある。これが各種の祭祀儀礼や、民間の巫祝（シャーマン）の呪術と結合して、人間の魂を一時的に抜き取って、神霊の降り宿る依代とし、通常の人間には聞けない神霊の言葉を人々に告げる術に利用されたりした。こうした呪術性が、前記の音律による未来予知と複雑に絡み合うとき、音楽は著しい神秘性・魔術性を帯びる》と浅野は記す。

さらに礼による教化の手段としての役割や、共同体の親睦や連帯を深める効用。これは論語や毛詩にあらわされた詩の役割と重なる。呪術的性格も、引用後半部は礼にふくまれた音楽のことで、礼の役割自体をのべたものといえる。前半部は第一の性格に直結する。

と、なると、音楽の、詩や礼とちがった独自の存在理由は、やはり宇宙の規則性を開示するための純粋表現だった、ということになるのではないか。

古代ギリシャでは、数学者ピタゴラスが、音の秩序と宇宙の秩序とのかかわりを探った。音の変化が、数学的に捉えられるのだ。こうした宇宙論が、プラトンやキリスト教を経由して、中東や西洋の音楽観につながっている。ヨアヒム・エルンスト・ベーレントは、《創造は、宇宙は、世界は、音なり》という古代インドの思想を紹介している（『世界は音　ナーダ・ブラフマー』大島かおり訳）。荘子は「人籟」「地籟」「天籟」という音楽観を説いている。人間の呼吸が笛の中を流れる、それを「人籟」と呼ぶ。人為による音楽ということだ。おなじように、大地を吹きぬける風が起こす音を「地籟」と呼ぶ。地上の自然が奏でる音楽だ。「天籟」についての荘子の説明は難解なものなので、杉浦康平のすぐれた著作から引いてみると、《人籟には音を人籟として成り立たせる力があり、地籟には地籟を響かせる根源の力がある。人籟や地籟の区別を超えた、さらに奥深い音の存在。その聴こえざる響き。それを天籟と称したのです。／ひらたくいえば、天籟とは大自然の声であり、大自然の呼吸である…ということになる。》（『宇宙を叩く』）

天界は、宇宙は、音に溢れているのだ。荘子には琴の名人昭氏の演奏にふれてつぎのように書かれている。《琴を奏でる以前の状態は、まだ道が完全な状態にあるときである。ところが昭氏が演奏をはじめるやいなや、道はそこなわれる。昭氏がいくら多くの音を奏でたとしても、それは琴に秘められた無数の音の一部分でしかない。かれは琴を奏でるという人為によって、無限であるべき自然の道に限定を加え、これをそこなっているのである。》（世界の名著4『老子・荘子』森三樹三郎訳）

この思想はジョン・ケージにも影響をあたえている。人間の聴く音楽とは、宇宙にみたされた音の一部を切り取ったものでしかない。音楽はもっと広大な世界に遍在しているのだ。関連書からさらに孫引きしてみると、アリストテレスは「天界の音楽は、まさにわれわれが生まれた瞬間から耳元で鳴っているのである。だからこそ、その反対である静寂と区別がつかないのだ。なぜなら、ざわめきと静寂は、たがいに比べてみなければ違いがわからないからである」とのべ（ジェイミー・ジェイムズ『天球の音楽』黒田孝文訳）、ケプラーは「天に空気を与えれば、ほんとうの音楽が鳴りひびくだろう。そこには〈精神的調和〉というものがあって、これを感じとるとき、純粋な霊的存在は、そしてある意味では神ご自身も、人間が音楽的協和音を耳で聴くときに劣らぬ、喜びとたのしさを味わい給う」とのべているという（ベーレント前掲書）。むかしのSF映画などでは、宇宙空間で戦闘機が大音響を轟かせ炎を噴きあげ爆発したもので、そんな映画を俺なんか軽蔑し、無音の空間を漂いつづける「2001年宇宙の旅」みたいな映画こそ現実だと信じていたものだが、じつは宇宙にも音は溢れているらしく、ベーレントは、天体物理学者のつぎのような発言を紹介している。《宇宙にはただざわめく音だけではなく、規則的なチクタクという鼓動音や、太鼓のような連打音、低く唸る音、はじけるような音が満ちているのです。》

地上の万物のざわめく音が、鼓膜をふるわす。そのような音が洋洋乎として耳中に盈ち、やがてゆっくり脳髄に溶け、沁みこんでゆく。音が消える。空気中に溢れる真夏の蟬のはげしい鳴き声が、岩肌に吸収されて、静寂と化すように。音の充満する世界に音はなく、音のない世界に音があふれだす。騒騒たる静謐。音がなく、音がある。万物が消え、世界が消え、音だけが存在する。天上の音楽を聴くとは、そんな不思議な感覚なのかもしれない。食べた肉の味さえうすらぐほど、孔子は古来の音楽に憑りつかれた。余談だが、じっさいに聞こえない音楽というものがある。木戸敏郎によると、梵鐘には撞木をつきながら音をださず、心の中で鐘をつく虚階とよばれる奏法があり、御神楽でも音をださずに篳篥《ひちりき》を吹く特殊な演奏がある。さらに管絃の残楽では、演奏の途中で管楽器と打楽器が脱落し、絃楽器の拍子だけが残るのだが、管楽器の旋律は精神的には連続していると考えられているという（国立劇場第十六回声明公演「咒立北斗法」解説書）。耳に聞こえるものだけが音楽ではない。聴こえない音を聴き、宇宙を感得することこそが、音楽のもたらす最大の至福なのかもしれない。

天上の絶対純粋世界

だけでなく、古代中国では、音楽が世界をつくりだす。加地伸行によると、儒教における音楽の重大な任務とは、世界を構成する万物の単位となる役目だという。なんでも音階を決める楽器、黄鍾律管を使って長さ（度）・量・重さ（衡）、さらには暦が決められたのだそうだ。《礼楽は単なる儀式ではなくて、万物を計量する大本でもある。この度量衡が決まらなければ、たとえば課税のとき、適正に行なえない。政府にとって、農業や紡績は課税対象として重要な産業であり、土地や産物や布製品の度量衡は政治の基本である。だから、歴代の経学はこの音律問題を重視し、儒教学者はその理論化に熱中してきたのである。》（『沈黙の宗教　儒教』）

このように、儒教的世界では、楽により、世界が整然と分節されてゆく。しかしながら、「万物は数である」というピタゴラスのよく知られた言葉が示すのは、自然を人間が計測し解析し、いかように弄んでもよいという思想ではない。まったく逆に、ただただ自然は、人間の意志を超えた普遍的な規律に従って存在し、運動しているということだ。人間も例外ではない。人間は宇宙の一部でしかない。ピタゴラスは輪廻を信じ、通りすがりにみかけた子犬を「大切な友人」と呼んだことが伝えられているけれど、キティ・ファーガソンはこれについて、《「大切な友人」というのは、動植物や人間の魂など自然界のすべてを含む広大なつながりのなかの誰でもかまわない。古代ギリシアの社会を見渡してみても、そのようなつながりをこれほど賛美し、そのつながりはるつぼではなく、美しく秩序が保たれている統一体だとこれほど固く信じていたのはピュタゴラス派ぐらいのものだろう》とのべている（『ピュタゴラスの音楽』柴田裕之訳）。ここでいわれる秩序は、もはや生態系とよんでもさしつかえないだろう。自然の音を聴くとは、自然と一体化することなのだ。古今東西の神秘思想を渉猟した岡田明憲が《天は、人間的な意志を持つわけではなく、目的があるわけでもない》（『ユーラシアの神秘思想』）とのべるとおり、天には邪な思いなど存在しない。すなわち、そうした人為を超えた天体の動きを表象した楽こそ、最も純化され、最も理想的な人工宇宙なのだ。神秘思想は人間と宇宙の照応を基本にしている、と岡田が指摘するように、音楽をつうじて人間と宇宙が一体化する。すべての感覚が失われてゆく。孔子にとって楽が表現の完成形として詩や礼より上位に置かれるのはそのためだ。

孔子学派が伝える周の音楽とは《第一に堂上の瑟《しつ》の絃楽の伴奏による歌唱につづき、第二に堂下の笙の管楽の奏楽と、堂上の絃の伴奏による歌唱との掛合いがあり、最後に堂上の絃楽器、歌唱、堂下の管楽器と鐘の打楽器との大合奏によって幕が閉される》（「中国古代の抒情詩時代」貝塚茂樹著作集第五巻『中国古代の伝承』所収）というものだった。《第三部の鐘鼓の打楽器の導入こそは、全くギリシャ音楽には見ることのできない音楽の発展であり、西周の音楽をかたちづくる重大な段階をなしている。そしてこの打楽器のとり入れが、西周における新しい詩の体の成立を促進したと解せられる》と貝塚はいう。殷周の祭祀に用いられる青銅器とおなじ重要性を、青銅の打楽器が担っていることに注意されたい。小南一郎によれば、古代中国の青銅器は土地の精霊とつよく結びついており、また祭礼に用いられる鼎は祖霊の依代だったのではないかという（『古代中国　天命と青銅器』）。ただし儒者に記録されたさきの演奏が周の楽曲をただしく再現したものかどうかは定かではない。天は北極星を中心にして、崩れることなく、規則正しく運行している。人間社会もそのように、みだりに沸騰せず、秩序を保ち、冷たく静かに存在しつづけなければならない。それが真の伝統というものだ。《北辰の其の所に居て、衆星のこれに共するがごとし》（論語）というのが、ほんらいあるべき世界像だ。しかしすでに現世は乱れに乱れ、あらゆる秩序の崩壊をまのあたりにした孔子は、激しく深く苦悩し絶望しなければならず、またそれゆえに、礼楽による秩序の回復に人生のすべてを賭けねばならなかった。

藤枝守もまた古代中国の音律について《たんに音楽上の領域をはるかに超えて、支配者や国家にとっての権力の威信を示す象徴的な存在だった。なぜなら、音律という音の秩序は自然の摂理を反映したものであり、その自然の摂理に従うことによって、社会の安定が保たれるということが、古来からの教えとして脈々と伝えられてきた》とのべている（『響きの考古学』）。詩であれ楽であれ、純粋な表現が社会的機能を担わされるというより、重大な社会的機能を持つと思われた表現が、それゆえにこそ純粋なものと看做されるといったほうがいいのかもしれない。周時代、音は人為を超えた宇宙の表現だと考えられていた。北沢方邦も、孔子のころより五十年ほど下った時期のものとされる曾侯乙墓から発見された百二十五種類もの楽器群の要となる、鐘と磬（石の打楽器）を、それぞれ地の音・天の音とし、その象徴的意味を《天の石が奏でるのは星空のひびきである。暗黒の玉座にいます天帝と、それをかこむ群臣である燦然と輝く星座群、天の石はその使信つまり天の道を伝え、地の鐘は、幽界を支配する地母と、マグマや地磁気をはじめとするその胎内にひしめく無数の力の使信つまり地の道を伝達する。管弦や歌が地上のさざめきや人間の音声を奏で、その節々で雷鳴である建鼓がとどろく》（『音楽入門』）と読み解く。人間の世界、あるいはすでに人格化された神神の世界なら、言葉をつかって物語を紡ぐことができるけれど、このような人間を超えた抽象的世界の創出は、もはや言葉だけではとうてい不可能だろう。天何言哉《てんなにをかいうや》。

藤枝守はさらに、古代中国音楽の十二の音階と陰陽五行説との関係を詳述している（前掲書）。陰陽思想が成立するのは戦国時代以降で、音階が十二に分類されるようになったのも春秋戦国期だという。この時期は音響学が発達し、音階は周時代よりはるかに精密化し、それまで演奏の中心をなしていた青銅の鐘だけでなく、楽器の種類も増え、打管絃による合奏が行われるようになったという（『図説中国文明史3』）。孔子が聴いた音楽とは、あるいは周全盛期のものとはだいぶ違っていたかもしれず、論語には「鄭声は淫」「鄭声の雅楽を乱るを悪む」という発言もあり、鄭の国で勃興し流行した新しい音楽が孔子の聴覚を刺戟し、拒絶反応を示したらしく、のちの儒者たちは、いにしえの「先王の楽」とあたらしい「鄭衛の音」を区別した。礼記には、鄭衛の新楽はおもしろいのにくらべ、古えの楽はたいくつで眠くなるのはなぜか、といった問答が記されている。孔子が味覚を失うほど感動し、国を治めるに必要としたのは、舜帝により作られたとされる「韶《しょう》」という曲で、書経には、この曲がはじめて奏されたとき、鳥や獣もいっしょに舞いおどったと書かれている。論語には、この「韶」と、周の武王の音楽とを比較して、前者は「美しさは十分だし、さらに善さも十分だ」とのべたのにたいし、後者は「美しさは十分だが、善さはまだ十分でない」と評している。孔子にとって「韶」とは、ウォルター・ペイターが音楽の最高の瞬間について述べたごとく、目的と手段、形式と内容、主題と表現が浸透しあった、芸術の完璧な理想状態だったのかもしれない。

孔子が夢に見るほど敬愛した周公は、武王の弟にあたるのだが、それよりさらに理想的な存在である舜は、ゆえに最大の敬意をもって表される。完璧な理想的人間の音楽が完璧な理想状態にあるのは当然だろう。けれども中国最初の聖人とされた堯と、第二の聖人である舜は、書経にはじめて記録される人物で、それ以前の西周時代には現れず、詩にも謳われない。西周時代にもっぱら崇拝されていたのは古代最初の王朝・夏を創始した禹（書経では第三の聖人とされる）であり、詩にも謳われている。袁珂『中国古代の神話伝説』によれば、舜の原型は夏のつぎに興った殷王朝が祀った神らしく、郭沫若は甲骨文字の形からオランウータンとする説を唱えているという。となると「韶」も武王の曲よりだいぶ新しい時代になってから作られた、舜を讃える音楽だったのではないだろうか。だからこそ、音楽的により洗練されていて、孔子の心に響いたのではないか。史記には、琴を習いはじめた孔子が、最初におぼえた曲をくりかえし演奏し、沈思黙考すると、その曲で讃えられている、武王や周公の父である文王の姿が浮かびあがってきた、という伝説が記されている。夢に周公を見るのとおなじように、文王の姿かたちが、ほんらい巫術者的資質を持った孔子の脳裏に描かれるのだ。孔子の楽への思いいれも表現形式の発達と無縁ではないだろう。鄭の楽と「韶」との違いは、たんに趣味の問題にすぎなかったのかもしれない（「鄭声は淫」という言葉を呉智英はその歌い方に下卑たものがあったのではないかと推察している）。しかもややっこしいことに、呂氏春秋で十二の音階を定めたと記録されているのは、孔子の時代よりもだいぶ下ってから、堯舜以前の存在として新たに登場するようになった黄帝だとされている。こんなふうに、原初の人物、理想の人物がつぎつぎと造りだされてゆく。もっとも新しい存在が、もっとも古い存在となって権威づけられる。つねに偽造されつつある歴史（神話）の中で、伝統は加上され、詩も楽もゆがんだ時系列に晒されていくのだ。

礼とは何か

孔子にとって、詩は純粋な志の表現であり、音楽はそのような人間の意志をも超えた純粋な絶対的宇宙の表現だった。と、すると、じゃあ、詩と楽とのあいだにはさまれた、礼とはいったい何だろうか。

まっさきに思いつくのは、挨拶とか、箸の上げ下ろしとか、食事中に肘をついてはいけないとか、人前でポコチンを出してはいけないといった礼儀作法だろうか。電車内で化粧する女性をみて、「不愉快」ではなく「迷惑」とつい思ってしまうとしたら、そうした行為が礼儀に適っていないとみられるからだろう。だいたい化粧品アレルギーでもないかぎり実害はないはずなのに、あれは「いまからきっと男に逢いに行くのだ」と思うからこそ不快になるので、そうした個人的な不快感を「迷惑」と言い換えたとき、そこに社会性が成り立つという暗黙の強制が働き、化粧する女は反社会的存在となる。好悪の感情が礼儀作法に置き換えられ、排除の暴力へと導く。

竹内照夫は、礼儀には畏敬と和平という、ふたつの種類があるとのべている（『四書五経』）。ほんらいはそうかもしれない。書店に行くと「冠婚葬祭のマナー」とか「ビジネスマナー」とか「国際マナー」とかいう本が並んでいて、世間一般で常識とされるいろんな決まりごとが細細と記されているけども、俺なんか、家庭や学校で礼儀を教わった記憶がないので、そうしたことをとやかくいわれるとヘキエキしてしまう。一時期、職業劇団でドサ回りをしていたころ、一緒についていたトラックの運転手は俺の食事中の動作をいちいちあげつらって、あげくは役者のありかたまで一席ぶっていたけども、そいつは平気で他人の鞄を勝手にあさって中身を取り出す奴で、まあ悪い人間ではないのだが、てめえのほうがよっぽど無神経、てゆうか非常識だろうと思っていた。そういった非常識が常識として通用してしまうのが、軍隊や体育会みたいな閉鎖的な悪平等社会なのではないか。上の者は下の者にえばりくさり、さまざまなかたちでの暴力を振るい、それに耐えて自分が上の立場になったときは、下の者を復讐するかのように攻撃する。『広辞苑』では封建的という語に「専制的で目下の者の言い分を聞こうとしないさま」とあり、『新明解国語辞典』では封建主義について「上下の関係を重んじて、個人の自由や権利を認めない様子」と説明しているそうだが（呉智英『封建主義者かく語りき』）、礼儀というのも、しょせんそのていどの、封建社会を支える装置にすぎないのではないか、と思ったりする。目下の者や弱い者にたいする畏敬や和平の念が存在しない社会を、俗に封建的というのだ。畏敬や和平よりも、もっぱらおべっかとして使われ、「態度が悪い」「口の利き方が悪い」というぐあいに、閉鎖された世界で、憎しみを助長させ暴力を炸裂させる口実として利用されているのが、現在の礼ではないだろうか。

論語郷党篇に描かれる孔子の礼儀作法とは、たとえばつぎのようなものだ。《宮城の御門を入るときは、おそれ慎んだありさまで、体が入りかねるようにされた。門の中央すじ〔は主君の道であるからそこ〕には立たず、敷居をふまないで通られた。主君のお立ちになる場所を通りすぎるときは、〔主君がおいでであなくとも〕顔つきは緊張され、足どりはそろそろとされた。そのことばづかいは舌足らずのようであられた。裾を持ちあげて堂に上られるときは、おそれ慎んだありさまで、まるで息をしないもののように息づかいをひそめられた。退出して〔堂の階段を〕一段おりられると、顔色をほぐされて安らかになられ、階段を降りつくすと、小走りに進まれるのにきちんと立派であった。自分の席に戻られると、うやうやしくされた。》

石川忠司が『孔子の哲学』で、論語を放り出したくなってくると書くぐらい（俺は石川の本を放り出したくなったが）、郷党篇には宮殿や祭祀の場での孔子の行動の型がことこまかく描きだされているし、礼記にもこうした決まりごとはさらに延延と綴られている。つまるところ礼とは、せまくは個個人の身体水準での立居振舞い、またひろくは社会集団で行なわれる儀礼祭礼といったものと考えられるだろうか。けれども、郷党篇にはひとつだけ異質な、こんな文章がまぎれこんでいる。《厩が焼けた。先生は朝廷からさがってくると、「人にけがはなかったか。」といわれて、馬のことは問われなかった。》

落語「厩火事」でもおなじみの逸話だが、ほかの章が型として固定された礼を描いているのに、ここだけがひとつの事件をきっかけに表れた孔子のとっさの言動を記している。どうもこれは、礼の根本がどこにあるかを教えているように思う。すなわち、仁。人を愛し、やさしく慈しむ気持。礼とはじつは、他人の愛し方の、表現行為の問題なのではないか。ふだんの生活の中で、相手に対する思いやりがあれば、礼儀作法など心得ずとも、しぜんと言葉や態度は改まるものだ。家人や使用人へのつねひごろの思いやりとおなじように、王や貴人への心づかいこそが、型としてあらわれ、礼儀作法に結実しているということ。畏敬と和平も、その源は仁に行きつく。上下関係を超えて、目下の者や弱い者へ注がれる仁。純粋な志が詩となって歌われるように、他人を思いやり、尊重する心が表面にあらわれることこそが、真の礼といえるのだ。論語に記されたいくつかの言葉を読むかぎり、孔子は礼をなにより重視しながらも、形だけの礼をさして評価していない。その奥底に他者を愛する心、仁がなければいけないのだ。

しかし孔子が遵守した周の礼制というのは、儀礼や祭礼にとどまらず、社会全般にひろがる秩序維持のための制度だった。それは道徳・政治・法律・宗教・軍事・経済などにおよんでいたという。ようするに孔子にとって礼とは、理想的な西周の社会そのものを指す。周の社会のあらゆる領域が礼にとりまかれているということは、孔子の夢想するその世界には、仁が満ち溢れていたということになるだろう。礼は社会の純粋な志なのだ。礼の起源を考察した加藤常賢はそれを古代文化の総合体とし、《禮と謂はれるものは道徳、法律、宗教、政治、軍事が未だ各々其の領域を劃して分化しないで、混然たる一體をなしてゐた文化情態に於ける社會の凡ゆるものを統制する一種の制度或は文化と謂へる。更に謂へば宗教的儀禮を行ふそのことが政治であり、道徳であり、法律であり實際の教育であった》(『中國原始觀念の發達』)とのべ、さらに禁止の観念(タブー)と神秘力の観念(マナ)の結合から起こったものとする。そのような宗教的儀礼がやがて世俗化し、宗教から道徳へと変遷していったという。

礼の起源

この加藤常賢の発想は、フレイザーやデュルケームの強い影響を受けているようだが、ジェーン・ハリソンの名著『古代芸術と祭式』を連想させるものだ。鈴木修次は、グラネの『中国古代の祭礼と歌謡』と、数年前に刊行されたハリソンの著書との類似を指摘しているが、その続編というべき『中国古代の舞踏と伝説』にはフレイザーが参照されているところをみれば、グラネもまた、デュルケームだけでなく、ハリソンもふくめたケンブリッジ学派から大いに影響を受けたことが推測できる。ハリソンはギリシャ悲劇の誕生を太古の呪術祭礼からあとづける。未分化の総合体としての祭式から、演劇・音楽・文学・美術といった領域がそれぞれ枝分かれしてゆく。古代文化の総合体としての礼から、詩と楽が誕生し、それぞれが切り離されて純化せられてゆくこととまったく同じだ。猟の獲物を精霊として崇め、作物の豊穣を願い、死者や祖先の霊に祈ることが、儀礼祭式の起源だったのだろう。李沢厚は原始のトーテム舞踊に儀礼の起源を求め、動物の遊戯本能と社会的文化意識が交わり浸透したとみて、理性と感性、自然と社会、個人と集団を統一した最初の形式と捉える。《酔いしれたような激しいトーテムの歌舞の中、神秘的巫術儀礼のベールの下で、動物的な本能による遊戯、自然感覚、生理感情の高ぶりの発散が、社会的な要求・規範・規定と混じり溶け合い、互いに制約しあい、分かち難くなってゆく。こうした中では個人の心身の自然で動物的な面が見え、表わされ、発散されるが、同時に、このような自然で動物的な面がまさに「人間化」され始めてもいるのである。つまり動物的な心理は社会文化の要素が流入することによって人間的な心理に転化する。人間的な心のさまざまな働き――想像・認識・理解などの知的活動が生まれ、芽吹き、発展していき、さらに感知・感情のような元来の動物的な心の働きと結びつき、溶けあい、組み立てられ、混じり合っていくのである。しかも、これら一切は直接的な物質生産活動(たとえば狩猟や採集・栽培)における場合に比べて、はるかに集中的で強烈で充分で自覚的である。巫術トーテム活動は現実の生産活動や、日常生活の中の散りぢりバラバラになった個別の事例や過程や要素を集中的に組織し構成した。それゆえ、巫術儀礼とトーテム活動は人の心の働きを育み伸ばしていく点では、物質生産活動よりもさらに重要かつ直接的である。トーテム歌舞、巫術儀礼は人類の最初の精神文明であり、記号の誕生であった。》(『中国の伝統美学』興膳宏・中純子・松家裕子訳)

心中にわきだした言葉が声にあらわされ、律動が体を揺らし、声にあわせて舞い踊り、やがては道具を使ってさまざまな音をだし、調整し、歌とまじわって楽となる。詩・礼・楽が分裂せず一体となってかたまったまま、その芽をふく。あらゆる社会制度も、あらかじめそのなかに籠められている。

柄谷行人は、呪術が定住的氏族社会から発展したとし、それ以前の遊動的段階では未発達だったとのべている（『世界史の構造』）。その説明はすこぶる明快だが、納得しがたい部分もある。柄谷は『世界共和国へ』で未開人と古代人は違うとしつっこいくらい繰り返していて、『世界史の構造』でも、ブッシュマンのような遊動的狩猟採集民は太古からそのような生活を送っていた、という見解に疑念を呈していながら、古代の狩猟採集民が呪術を行なわないことの証左としてブッシュマンを例にあげていたり、どうもすっきりしない。柄谷は定住社会以前の遊動社会について、現存する漂泊的バンド社会から推測するほかないとのべていて、認知考古学より文化人類学に拠りかかりすぎたあげく、古代人と未開人の混乱を招きよせてしまっているようにも思えるし、漂泊的社会が儀礼を行なっていたとは書いていて、だとすれば儀礼と呪術はどう違うのかはっきりと説明されていないという不満が残る。他方、中沢新一は、旧石器時代の人類が洞窟で行なっていたとされる儀礼と、未開とよばれてきた先住民族の祭祀との共通性を見出し、あるいは旧人とよばれるネアンデルタール人も儀礼を行なっていた可能性を示唆している（カイエ・ソバージュⅡ『熊から王へ』）。柄谷がのべるアニミズム的な「我‐汝」という思想を「我‐それ」へ切替えることが呪術だとする見解と、中沢のいうニューロン組織の進化による流動的知性の発達という視点は、いまのところまるっきり逆方向といえるだろう。

加地伸行はすぐれた著作『沈黙の宗教　儒教』において、儒教の宗教性を特筆し、葬礼との関わりについて詳述しているのだが、その発生をシャマニズムの招魂再生にみる。白川静は「儒」という文字から、その起源を雨乞いする巫者とし、孔子もまた巫女の子と考えている。そうした古代中国の儀礼的呪術的世界はさかのぼるなら、旧石器時代の遺跡からすでに発見されている。一万八千年前の北京周口店山頂洞人遺跡から発見された骨には鉄鉱石の赤い粉末が撒き散らされていたという。赤い粉末は死者を守り、再生させる力があると信じられていたようだ。周口店は北京原人も生息していた場所だ。呉智英はかつて、儒教思想は北京原人に端を発しているのではないかと書いていて、この仮定をのちに発展させているのかどうかは知らないが、あながち荒唐無稽な珍説でもないことがわかる。新石器時代の山東省大汶口の遺跡でも墓葬が行なわれており、その特徴は、《(1)死者はすべて氏族の公共墓地に葬られ、頭は一般的に東向きである。(2)埋葬様式は、単人、仰身直肢葬が主で、側身葬もあり、まれに俯身葬と屈肢葬とがみられる。(3)一組の成年男女の同穴合葬墓が現われている。(4)抜歯と頭骨の人工的な変形の習俗がみられる。(5)死者の多くは、手に獐〔鹿の一種〕のきばをにぎっており、ある者は、豚のきばを細工した束髪用具で髪を束ねている。(6)亀の甲羅やいのししの頭骨を副葬する習俗がみられる。(7)一部の墓で、原始的な木椁が使用されている。(8)副葬品はかなり豊富である。墓葬の規模の大小や、副葬品の多少とその品質のよしあしのあいだには相当のひらきがある》というものだ（張光直『中国青銅時代』小南一郎・間瀬収芳訳）。

そして古代最初の王朝が誕生するのだが、夏の存在は近代に入り否定的に捉えられていた。信頼すべき資料がみつからなかったからだ。白川静によれば、夏王朝の存在が信じられてきたのは、初期彩陶文化にみえる人面魚身の神信仰が伝えられ、王朝の存在ということより、治水の神・大地の造成者としての禹の伝承が根強く存しており、そこから禹を始祖とする王朝の存在が想定され、夏殷周と三代つづく道統観が構成されたとする（『中国の古代文学（一）』）。つまり白川は、夏の王朝は禹の神話が歴史化されたものと考えていた。しかし、そののち発掘された二里頭文化遺跡が現在のところ夏王朝のものと推定されている。岡村秀典によると《二里頭遺跡の発見は、その「礼制」の原初形態を明らかにした。遺跡の中心には宮殿があり、一号宮殿を中心とする外朝と二号宮殿を中心とする内朝とに分かれていた。とくに一号宮殿は回廊で囲まれた中に王が臨朝する巨大な正殿、多数の臣下を収容できる中庭、いちどに三つの通路から分かれて入場する南大門からなり、西周金文や儒教経典にみえる宮殿、ひいては漢代から明清代にいたる宮殿と基本的に同じ構造をもっている。そこは王が臣下に謁見し、君臣関係を目にみえる形で表象する、宮廷儀礼の場であった。》（『中国文明　農業と礼制の考古学』）

「禮（礼）」という文字の起源は「醴（酒）」を用いた儀式のことらしい。夏の宮廷儀礼では必ず飲酒儀礼が伴われており、さまざまな酒器が発達し、その持ち方や注ぎ方などに細かな作法が存在したという（岡村前掲書）。それ以前の大汶口文化でも、階層上位者の墓から酒器と思われるものが副葬品として発掘されているという。すでに飲酒儀礼が行なわれていたのだろう。庶民層の墓には酒器ではなく、日用の土器が副葬されていた。このように身分秩序を祭儀道具から規制することは儀礼が社会秩序を維持するための精神的規範として機能していたことを物語っている、と宮本一夫はいう（中国の歴史01『神話から歴史へ』）。やはり「封建的」とよばれる上下関係は礼から始まったもののようで、それは新石器時代からすでにあったものなのだ。

そして殷時代になるのだが、その社会も呪術祭祀をさらに発達させて受け継ぎ、甲骨卜占といわれる方法で国家事業の吉凶を判断していた。伊藤道治によると《その第一は祭祀である。祖先や山川などの自然神に対する祭祀、あるいはこれらの神々のたたりの有無などを卜った。第二は、軍事・使令で、戦争の成否や臣下や同盟国などに対する命令の是非を卜う。第三は狩猟・往来で、狩猟の可否や、その間の安否を問うもの。そのほか、疾病生死、風雨、年の豊凶などがある》という（貝塚茂樹・伊藤道治『古代中国』）。殷王朝では古い時代は自然神を崇拝し、のちには祖先を崇拝するような変化が現れるという。旧石器時代には個個の事物に秘められた精霊のような存在だったものが、新石器時代以降は人格化され、鬼神とよばれたそれらがやがてまとめられ、統一神的性格を帯びてゆく。社会のさまざまな局面で呪術祭祀がおこなわれているということは、加藤常賢がのべたような、やがて古代文化の総合体となるべき礼の始原をそこにみることができるわけだ。

殷は周に滅ぼされるが、その礼制は、夏・殷の礼を受け継ぐ。論語にも孔子の「殷では夏の諸制度をうけついでいて、廃止したり加えたりしたあとがよく分かる。周でも殷の諸制度をうけついでいて、廃止したり加えたりしたあとがよく分かる」「周〔の文化〕は、夏と殷との二代を参考にして、いかにもはなやかに立派だね」といった発言が記されている。白川静は孔子を「伝統の確立者」とよぶ（『孔子伝』）。前時代からの祭祀を受け継ぎ、実修してゆくことが、孔子にとっての伝統なのだが、それはみてきたように人類が意識を持ちはじめたころから存在する思想といっていいはずだ。殷や夏の礼もまた、前時代から守り伝えられてきたものだ。伝統とはたんなる慣習ではない。人類の普遍的基層に根づいたものでなければならないのだ。

殷の紂王は酒によって身を持ち崩し、国を破滅に追いやったとされるが、白川静はそうした見方を逆転させる。《殷の滅亡は、すべて酒によるとする。殷が祭政的形態をとる王朝であり、神事にはすべて酒を用い、神人相饗して融即の状態に入ることを政治のしかたとしたことを強く否定する。それはシャーマニズム的な王権を否定し、政治は理性的なものであり、天意は徳性によって得られるとする》(『中国の古代文学(一)』)《酒で国が滅びたというのは、この神政国家では祭祀を政治の形態としていたからである。神人ともに酒を用いて交歓するという殷王朝のありかたは、西北の遊牧族から興った朴質な周族からみると、酒乱の国としかみえなかったであろう。その国の滅亡によって、神人の交わりは絶える。代って天と人とが相対する国が生れた。》(『孔子伝』)

周の武王は主国にあたる殷を滅ぼした。それを正当化するため、革命の概念が必要とされる。殷の征伐が、「商(殷)周革命」とよばれ(この争いを神神や仙人や怪物をもまじえた一大幻想物語に仕立てあげたのがご存知『封神演義』)、酒に溺れた(とされる)紂王の悪行がおおきく取沙汰されるのだ。つまり、滅亡した文化が酒という幻覚剤を拠りどころにした巫術的なものだったゆえに、それを否定した新しい文化は、酒を諸悪の根源とし、葬り去ろうとしたわけだ。こうしてみると現代社会が煙草を否定しようとやっきになるのも、ある種の植民地主義的文化支配による差別化の影響ではないかと思われる（本島進『たばこ喫みの弁明』には、英国で喫煙の風習が迫害されたのはアメリカ先住民が野蛮だという偏見からだと指摘されている）。

変貌する礼

礼記には「礼は庶人に下らず」というよく知られた文句があって、これは儀礼がもっぱら王侯貴族のような上流階級で行なわれ、庶民には浸透していなかったことを指すらしいのだけれど、マルセル・グラネはぎゃくに、農村の祭礼が王朝にとりこまれ、公式の礼制へ発展していったと推察している。これは礼とよばれるものが、封建社会形成以前の、共同体社会から伝えられた習俗だったという意味だと考えたい。グラネは詩を手がかりに民衆の生活をいきいきと再現する。彼が注目するのは祭礼の場所だ。山や川や森林といった、自然豊かな場が、聖地として選ばれている。《山の頂は雲に包まれ、また森林や谿谷の上には霧がよくたなびいて居る。雨の源泉が、雲の形成されると思われる場所にあると考えられたのは、こうした観察によるものであろうか。しかし流行病を避ける力もまた山嶽や河川に帰せられて居るではないか。だがかかる力は他のものに依存して居るということが出来る。すなわち伝染性の病気は湿気があまり多過ぎたり、また乾燥しすぎたりすると蔓延するものである。実際山川の威力は、それが自然界の事実にもとづいて考察せられたならば、想像されるほど特別なものではないのである。山川は単なる雨の貯蔵庫ではなくして、むしろ季節循環の調整者であって、彼等は自然界において、あたかも人間社会における王侯のごとき役割を演じて居るのである。》(『中国古代の祭礼と歌謡』内田智雄訳)

グラネのこの発想は、詩や礼の根源がどこにあるかを考えさせる。人と自然の結びつき。動植物や人間の魂をふくんだ美しい秩序の保たれた統一体。動物的本能と社会意識の混交。生類の普遍的基層を志向する流動的知性。グラネによってはじめて、詩と礼の底には自然への崇拝があったと指摘されるのだ。ハリソンは祭式から芸術への移行を解き明かしたが、グラネは舞踊がそんなふうに純化されるまえの段階に、秘められた存在を見出そうとする。次著『中国古代の舞踏と伝説』では、舞踏と伝説に食い込んだ政治を抉りだす。都市国家成立以前の農村儀礼からあらわれた舞踊は、芸術表現として自立するよりさきに、王朝に取りこまれるのだ。すべての人人のために存在していた舞踊が、一部の人だけに独占される。《宗族の神は、過去の記念である舞踏によって維持される。宗族の聖なる所有であり、舞踏は宗族にとって、音楽と身ぶりの紋章のようなものである。祖先の神と聖地の神は全力で、舞踏を指揮する旗をひらめかす。(略)あたかも負債を支払うかのように、舞踏によって災禍を、敵やライバルに押しつける。王朝の舞踏は封土の財産である。》(明神洋訳)

この著作はあまりに難解かつ複雑で安直な要約を許さず、明神洋はたっぷり三十頁を費やし解説しているほどだが、グラネが描きだすのは、詩経国風を生みだした民衆の祭礼とは変質した、王朝儀礼の姿だ。祭政が分裂し、自然から切り離された社会の中で儀礼に加えられてゆく新しい意味、とでもいったらいいだろうか。祈りのための舞いから支配のための舞いへ。政治表現としての芸能。

春秋時代、詩が文芸として自立するまえに、断章賦詩というかたちで政治利用されたごとく、舞台芸術もその発端は政治がからみついているのだ。前章でふれた、高橋義孝が難じた毛詩への疑念、規制するものと規制されるものが奇妙にまじりあう志とは、あるいはこんなところから生じているのかもしれない。

赤塚忠は詩経の大半は歌舞をともなって演じられたものと主張し、うちいくつかは演劇的構成を持っていたと想像する。「雅」は仮面舞踊を意味していたとの説もある。周の時代には、殷を打ち破った武王を讃える「大武」という舞楽が演じられていたという。古来の記述に基づく内容はつぎのようなものらしい（黄強『中国の祭祀儀礼と信仰』上巻）。まず前奏として長時間にわたって太鼓が打ち鳴らされ、やがて武器を持った舞踊手があらわれ、整列してゆっくり歌う。二段目は戦闘場面で、両側では大鈴が鳴らされ、舞踊者は二列にわかれて激しい剣戟の動作を行ない、殷の滅亡が表現される。三段目は南に向かって進軍し、四段目では南方の辺境地域が平定されたことを表し、第五段は秩序正しく複雑な隊列がつくられ、ふたたび整列する。これは国家がすっかり統治されたことを描いたもののようで、最終の第六段では、あらためて隊列を組み直して集合し、王への崇敬の念を表して、幕を閉じる。この段では群舞にあわせて詩経の周頌が歌われたと推測されている。これも巫祝儀礼が演劇的に発展していったもののようだ。中国各地の民間儀礼や芸能を尸とよばれる神霊者を中心に調査研究した黄強は《このような上演は、（略）祖先神の行為を真似ることによって祖先神に感謝し、「尸」（祖先神が乗り移る者）を楽しませるものになった。目的が変わったので、上演の属性も変化した。（略）「神明を顕し、至徳を明らかにする」という目的に基づく上演には、登場する「祖先神」が「神聖性」を持っていることは、もっとも重要な条件である。しかし、「尸を楽しませる」という目的に基づく上演には、登場する「祖先神」の「神聖性」があるかどうかは、重要なことではなくなった。（略）したがって、王や群臣たちが自ら舞場に登場して舞踊を踊るという上演は、降臨した祖先神のパフォーマンスではなく、ただ祖先の行為を真似て「尸」（祖先の亡魂が乗り移る者）を楽しませる人間のパフォーマンスだけであると言える》とし、こうした変化を中国芸能演劇の発展過程における重要な一里塚とする（前掲書）。ジェーン・ハリソンは、見物人の登場に祭式から芸術への移行の発端をみる。行為から離れた存在が、観るものとなり、観られるものとわかれ、実人生と芸術をわけへだててゆくのだが、そのまえに、行為から聖性が失われるということが、実演者のあいだでも、演じることじたいに悦びを感じさせ、儀礼を変容させる要素としてあったのではないか。祈りから遊びへ、という変化が儀礼を演劇へと導く。しかし黄強の指摘をグラネの発想と結びつけるなら、娯楽のさらにそのまえに、政治支配目的への変化をみることもできるだろう。フェレンツ・テーケイも「大武」にふれて《仰山な家父長的儀式とは、官僚貴族階級の演ずる共同体〝ごっこ〟のことであり、この〝ごっこ〟の助けをかりて官僚貴族は自己の寄生性を隠蔽し、儀式の場をかりては自己の特権が、如何に太古からの自然の権利であるかを証明した》（『中国の悲歌の誕生』羽仁協子訳）とのべているが、これもまた神聖さを失い、芸術としての純粋性もまだ獲得していない、政治的示威行為へと堕した演劇への辛辣な批評だ。聖なる儀式はいつしか支配のための式典へ、そして娯楽としての演戯へとうつりかわってから、芸術となるのだろう。周全盛期の儀礼とは、じつはそのような、すでに自然への祈りという神聖さを奪われた政治制度だったのかもしれないが、孔子はそこに古代文化の総合体を見出す。それは祭政の一致がまだ残されていた時代へのつよい憧憬だ。それはただの楽園幻想だったのだろうか。

天という思想

前章で、吉川幸次郎が詩経国風には天へのよびかけは稀にしかみられないと書いている部分を引用したけれど、松本雅明は、天について《それは純粋な民謡ではなく、政治的な意圖がみえ、知識人の参加が豫想されるときに、はじめてあらはれる》とのべている（松本雅明著作集6『詩経諸篇の成立に関する研究（下）』）。天は庶民とはまったく関わりのない存在だったのだという。殷の時代当初には祖神を意味していた帝という語が、やがて現実の王を意味するようになり、さらに統一神をおもわせる権威をおびてくる。殷が滅び、周王朝に替わると、帝は天という語と混在するようになり、やがてしだいに置き換えられてゆき、天こそが至高の存在になる。殷から周へという、王権の交替とともに、文化大革命のようなものが断行され、かつての文化は刷新されるが、天を信仰する周は、殷の遺民を収攬するため、あえて帝を用いていたのだとする。これは儒者を殷の遺民だったのではないかという胡適の仮説にもつながる（孔子も死のまぎわになって、自分は殷人だったと告白したと史記などには伝えられている）。そうして天はいつしか宗教を超えて社会統治の手段に用いられてゆく。宗教国家が封建国家へ変貌するのだ。《この天（天命）思想は一般民衆の心情のなかに自然成立した類のものではなくして、むしろ外的世界に対する民衆の畏怖や敬仰の念といった宗教的心情を巧みに利用しながら、周公といういわば文化英雄に仮託され、意図的に構築された理論体系である》と佐藤貢悦は指摘する（『古代中国天命思想の展開』）。佐藤によると、西周末の礼の衰退は、合理的思惟の台頭により、礼制を支える天命思想に動揺が生じたことが原因だとされる。それは天にたいする懐疑的態度として表れるという。この時期つくられた詩には、「変風・変雅」とよばれる、天への嘆きや訴えがあらわれる。統治の理論だったはずの天命思想が無力化してゆく。白川静も《詩篇がその精彩ある表現を示すのは、貴族社会の衰乱期においてであった》とのべる（『中国の古代文学（一）』）。こうした詩についてはあとでふれたいが、松本雅明ものべているように、これらが悪政にたいする純粋な庶民の心情ではなく、不遇な知識人の愚痴のようなものだとしても、異常な政治がはびこる現在ならば、深い共感を持って読まれうると思う。そして佐藤が《風雅の詩人たちは、この時期の天命思想が、西周末という時代相のなかで、社会変動に直面するのを目のあたりにして、もはや現実の検証に耐えないことを知ったにすぎなかった。しかし、このことは、人類の英知の進歩にとっては偉大な歩みだった。というのも、かかる思惟こそは、宗教的天観念を統治理論の前面から引き離して内奥へと深く沈潜させ、共同体の価値理論の根元を指示した西周の天命思想を動揺させ、新たな価値体系を模索する出発点に立つものであったからである》とのべるとおり、孔子によって新しい価値体系がつくられるのだ。

蜂屋邦夫も、周の初期には天を祭ることを意味していた「徳」という言葉が、しだいに精神面が強調され、道徳という意味を持ちはじめ、為政者にとっては天との関係より民との関係が重視されるようになっていった、と指摘する。祭祀重視から統治重視へと変化するのだ。《封建制は徳にもとづく制度で、徳があるからこそ王や諸侯の地位を世襲するのであるが、その徳が民にたいする徳治の意味を持つようになったとすれば、基本的には民こそが世の中の根本だとする民本主義の立場に立つことになる》と蜂屋は書く（『孔子』）。けれども西周時代の天命思想は佐藤貢悦がのべるように民意を率直に反映するものではなく、支配するためのものだったようだ。だから現在「天命」なんて言葉を軽軽しくその気色悪い口からウンコのように漏らす醜怪な政治家が民意を無視するのは当然なことかもしれない。孔子は、そのように崩れきった秩序を立て直そうと試みる。「民は信なくんば立たず」という論語の言葉は、《上《かみ》がもし正しきに居れば／民の心もおさまろう／上がもし公平ならば／民の悪怒《にくみ》も去るであろう》（小雅「節南山」目加田誠訳）という詩経の言葉と呼応する。その根本原理こそ「仁」であり、それを土台に礼楽という伝統を復興させる。そうした態度はマンハイムが定義した保守主義を想起させる。《伝統による直接的体験が消滅し始めたこの段階においてはじめて、人は歴史の本質を反省的に発見し、同時に張りつめた強さでもって、世界と環境とに対する古い根本的態度をなんとかして救済すべく、ひとつの思考方法をつくりあげたのである。》（『保守主義的思考』森博訳）

孔子が周の社会を極度に理想化し、礼楽をつうじて復原しようと志したのは、現世があまりにも悲惨だったからだろう。異常な破壊をまのあたりにしたとき、人はなお現実主義者でいられるだろうか。孔子のするどい感受性は純粋さを希求する。そのため伝統が必要となる。孔子が求めたのは空想世界ではなく、周というかつて存在した社会だった。自然と分離し、聖性を失い、たんなる上下関係となりはてた礼を、仁によって建てなおす。いや、再創造するといったほうがいいかもしれない。そのためにもうひとつ、孔子が秩序回復のために必要としたのは、名を正す、ということだった。井筒俊彦はこうのべる。《「名」を「実」に向けて正しくすること、もっと具体的に言うなら、「実」にぴたりと焦点を合わせた形ですべての人が「名」を使うような社会状況を作り出すことだ。そしてこの場合、決定的に重要なことは、孔子にとって「実」とは、個体としての物ではなくて、物の「本質」を意味する、ということである。》《第一に、語は、それが本来指示すべく制定されている「本質」を正しく具現する個物にのみ適用されなければならないということだ。「王」という語は王の「本質」を真に体現している人にだけについて使われなければならない。王の「本質」を体現していないような人物を「王」と呼ぶとき、「名」と「実」の関係は乱れる。そして、第二に、「王」の名で呼ばれる人は、先ず何よりも王なるものの「本質」を自覚し、常に自らその「本質」の体現者として存在し行動しなければならない、ということ。》(『意識と本質』)

俺の単純粗雑な考えだと、名が礼であり、実が仁ということになる。仁が根底になければ、礼は意味を失う。本質である仁の表現方法が礼だといえる。たとえ孔子の学校で詩が楽器演奏とともに歌われ、儀礼のかたちを再現していたとしても、それはもう初発の意志をうしない聖性をうしない、形骸化されたものにすぎない。仁を喪失したかたちだけの礼が腐敗し、怒りや憎しみの温床となり、真空地帯での陰湿な暴力を惹き起こすのだ。

劇的なる人・孔子

実をうしなった名ばかりの儀礼祭式は演劇を生んだ。大室幹雄は孔子を一個の演劇人と捉えた異色の論考を発表している（「都市的人間」『滑稽』所収）。《祭ること在すが如くし、神を祭ること神在すが如くす》という論語のよく知られた言葉がある。これは孔子以前にあった古語ではないかとの説があり、吉川幸次郎はそうした解釈をとっているが、貝塚茂樹は孔子自身の祭祀における行動だったと解釈している。超人間的存在だった神を、孔子は人間的な神と考えようとしたのではないかと貝塚はのべる。これは古代中国の神観念の変遷を考察した貝塚の「神々の誕生」（著作集第五巻『中国古代の伝承』所収）という論文と照らしあわせるとひじょうに興味深いが、この問題をいまは措く。

この論語の言葉は、たとえば森鷗外の「かのやうに」で基調低音のごとくあらわれるように、ある種の擬制の象徴として考えられることが多い。《批評精神が既に形式の瑕疵を発見する。荘重なる儀式は忽ち見巧者の目に映ずる緞帳芝居となる》と、のちの「礼儀小言」で鷗外はのべる。大室幹雄は、神の不在を意識しつつ神を祀る孔子の精神と行動を、演者と観客の分離に重ねあわせる。醒めた意識を保ちつつ陶酔する感覚をも伴った孔子は演者にして観客だ。行為者と見物との分離が演劇を生みだすとすれば、孔子はすでにして原初の演劇をみずから体現していたといえるのかもしれない。流浪する孔子と弟子たちは、師を興行主とする旅まわりの劇団だったのではないか。《いつの日か本物の舞台で興行することを期しつつ、自ら演技者でもあるこの道徳家は役者たる弟子たちを演出し、また弟子たち相互の演出と演技にかかる野掛けの芝居小屋で見物人でもあったに相違ない。》

聖なる祈りが対象である自然から切り離されたとき、儀礼は虚構となる。虚構が虚構として純化し、表現技法が自立したはてに、芸術が生まれる。絶対的純粋表現となった楽は芸術になる。祭式から演劇が生まれる。孔子にとって、詩にさまざまな要素をつけくわえてゆくことが、逆説的に詩を純化させているのではないかと、前章の終わりにのべた。祈りや遊びや、政治支配が、原芸術には具わっている。古代文化の総合体である礼が、政治や経済や軍事や教育や法律や宗教や道徳へと分割される。孔子が目指そうとしたのは、文化の総合体としての礼の復原だったように思えるが、孔子の理想主義が、純化を求める精神が、詩・礼・楽を、名を実に向けて正すのではなく、意味を変容させ、文学・演劇・音楽という「芸術」を生みだす方向へと導いてしまったのではないか、とも思う。

しかし孔子の思想の根底には仁があった。仁は表現技法をそれだけで終わらせない何物かを残す。「かのやうに」という擬制を拒む。そう孔子は考えていたのではないか。「故きを温めて新しきを知る」という孔子の言葉は、腐敗しかけた伝統を除菌し、新しい意味をあたえる、ということではないか。たとえば詩に人間へのよびかけをみること。琴の音から文王の姿が形象化されるごとく、詩の中から戦乱の世に嘆く生きた人間の姿をみる。そうした志。毛詩大序を思いだそう。《治世の音は安楽だが、それはその政が和順であるからであり、乱世の音に怨怒の色があるのは、その政が道に背いているからであり、亡国の音が悲しく思い多いのは、その民が苦しんでいるからである。ゆえに政治の得失を正し、天地鬼神を感動させること詩にまさるものはない。》天命を知ったはずの孔子も、愛弟子の死を聞いて慟哭し、おのれの運命を嘆く、「噫、天予を喪ぼせり」と。この叫びの中にも、とうぜん詩にうたわれた人人の苦しみが反響されていただろう。仁の射程は拡がる。この言葉は、目下の者への愛という孔子個人の感情を超えて、過去の死者たちの苦悩を背負い、同時代の民衆の苦難を背負って発せられたものなのだ。墨子の「兼愛」も時代を告発し改革を迫るするどい思想なのだが、そこに欠けているのは、伝統という過去に向けられた視点ではないか。「仁」には、理想と現実、過去と現在が融けあっている。あらゆる階層の人間を救うこと。生ける民衆とともに、死せる民衆をも救うこと。儒者たちが、がんらい呪術や祭礼で歌い奏されたはずの詩と楽に、世相を風刺する民衆の意思を、いささか強引にも見出そうとしたのは、あるいは過去をよみがえらせ民本によった新しい思想をつくりあげようと苦闘した孔子の志を受け継ぐためだったのかもしれない。

人類の普遍的基層である礼を守りつたえ、仁によって、汚れた社会を純化してゆくこと。それこそが孔子の思想の根幹だった。詩という個人の純粋な志が、社会を純化させるための礼へと発展し、楽によって天上の絶対純粋世界へと到達する。《詩に興こり、礼に立ち、楽に成る》という言葉の意味は、そのようなものではなかったろうか。

4　伝統主義者VS神話収縮者

金芝河をめぐって

宮廷で場合によっては仮面舞踊を伴って歌われたと推察されている古代中国の詩が、それ以前は民衆歌謡であり、それ以後は儒者たちによって政治風刺と解釈されていったことを前章前前章でみてきたわけだが、話を変えると、『韓国仮面劇の世界』といった著作もある金両基は、金芝河の諷刺詩について、それが彼の出身地で演じられている語り物パンソリを現代によみがえらせたものとして、日本の進歩的文化人にながらく激賞されてきたことに苦言を呈している。パンソリにほんらい諷刺性はすくなく、金芝河が模倣したのはおなじ伝統芸能でも彼の出身地とは別のところで演じられている、諷刺性に富んだ仮面劇だったのだという。《「五賊」の諷刺性は金氏のオリジナルだという説が、日本の文化界では大きかった。が、わたしはそれに反対した。仮面劇の諷刺精神を金氏が現代的に解釈し、現代詩として再創造したものであるから、金氏がこれに優る諷刺詩を書くことは至難である、とさえ言った。》（『いま日本と韓国を考える』）

金芝河の詩は、形式上はパンソリ、諷刺と抵抗の精神は仮面劇から受け継いだものと思われるけれど、ここで金両基は金芝河の詩における「伝統と個人の才能」を問題にしているのだ。日本の進歩的文化人たちは金芝河の詩を高く評価した。けれども本当にその作品世界を深く理解するならとうぜん持っていなければならない韓国民衆伝統文化への知識を欠いていた。個人の才能を見て伝統を見逃した。つまり大多数の日本人は金芝河の作品にではなく、その反体制性に共鳴していただけなのだ、ということになる。金芝河の作品と仮面劇との関連がこれまで指摘されてこなかったとするのは疑問だが（たとえば梁民基・久保覚編訳『仮面劇とマダン劇』参照）、西部邁は論壇時評で金両基の同内容の文章を取りあげ、つぎのようにのべる。《金両基氏は、それが「慶尚南道に伝承されている仮面劇のモチーフ」を現代に移し変えたものだという。そうだとすると、金芝河氏の著作にたいするかつての高い評価が誇大であったということになるのは否めない。》（『続批評する精神』）

はたしてそうだろうか。ここで奇妙に思わざるをえないのは、伝統保守を掲げる西部の立場からすれば、金芝河の詩作こそ、伝統を重んじ現代に結びつけた反独創的文学として、逆に高く評価してよいはずなのに、なんでこれほど低く見積もっているのか、ということだ。だって西部は別の著作で、とある詩人をこんなぐあいに持ちあげているのだから。《伝統を探し求める非常な努力がそれらの作品にいかに結実しているかを、あるいはいないかを、味わってみるという経験に進んで身をさらすほかないのである。その味わいが伝統的と形容さるべきものであるか否か、知覚も評価も人それぞれ、また状況に応じて、様々でありうるであろう。しかし何はともあれそこで伝統への探求が行なわれたのだ。》(『思想の英雄たち』)

金芝河が「反体制」の詩人だったから、進歩派はその詩の根底にある韓国民俗芸能への理解をじゅうぶん持たないまま彼を誇大に褒めたたえ、保守派は彼が「反体制」の詩人であるがためその詩の根底にある伝統を(もしかすると故意に?)見落とし、金芝河個人の才能の限界を指摘し、不当に貶める。しかし「五賊」「糞氏物語」「五行」などの作品が切り拓く文学世界から、非常な努力で探し求めた韓国民衆文化の伝統と、それを巧みに摂取し結実させた金芝河の才能とをふたつどうじに認めることが重要なのだ。

ふと思いだしたのだが、ノーベル賞が決まる直前あたり、大江健三郎が「もう小説は書かない」と宣言したことがあった。これからは小説に替わる新しい文学形式を目指す、と表明したのだ。そのとき俺は、大江ならあるいはこれまでにない独自の文学形式を創出できるのではないかと考え、それはいったいどのような表現になるのだろうとワクワクしたものだが、立花隆やスェーデン市民をふくめた世間一般の反応は、小説を書くのをやめないでほしい、というものだった。けっきょく大江はやがてふたたび小説に舞い戻ってしまうのだが、受賞記念のテレビ番組に出演した金芝河はただひとり「大江先生の新しい文学形式に期待したい」と応援の言葉を送ったのだ。

おなじ番組で埴谷雄高は「大江の文学の根底には詩があるから通俗化しない」といったことを喋っていたと記憶する（なぜか上半身裸だった）。金芝河は詩人だったから、それも、伝統の形式を大いに活用して苛酷な現実と向きあう新しい表現を模索しつづけてきた先鋭的な詩人だったからこそ、小説なぞしょせん文学の一形式にすぎず、他の形式よりいくらか商品的価値を持つというだけで、至高の表現でもなんでもないことを肌で感じていて、大江健三郎がそれまで築きあげた世界にこだわることなく、大江がそれを捨て去ることを惜しまず、大江の根底にある才能を信じ、新たな文学への挑戦に希望を託すことができたのだろう。民謡やパンソリや仮面劇を融合させた抵抗詩を発表し、仮面劇の諷刺精神をより先鋭化させた一大民衆運動であるマダン劇を創造し、民主化ののち成長発展する韓国経済に背を向けていちはやくエコロジーに接近し、東学思想や古い物語にそのアジア的萌芽を見出す金芝河は、誰が何といおうとやはり超一流の文学者・思想家だと俺は思う（おなじく民族の伝統表現を現代に蘇らせた偉大な詩人に南アフリカのマジシ・クネーネがいる）。

伝統と個人の才能

さきほど引用した、西部邁が讃えている詩人は、いうまでもなくトマス・スターンズ・エリオットなのだが、エリオットは高名な評論「伝統と個人の才能」でつぎのような発言をしている。《伝統ということの、つまり伝えのこすということの、唯一の形式が、われわれのすぐまえの世代の収めた成果を墨守して、盲目的にもしくはおずおずとその行きかたに追従するというところにあるのなら、「伝統」とは、はっきりと否定すべきものであろう。》(『エリオット全集5』深瀬基寛訳)

伝統は「型」ではない、というより、「すぐまえの世代」が残した形式ではない、ということに注意すべきだろうか。伝統はなによりもまず型として表面化し、受け継がれるものだが、そうした型を必要とした志がそもそも根本にはあったはずだ。「礼」と「仁」、「名」と「実」の関係のように。でもエリオットはそこらへんの問題は無視している。早い話、個人を謳歌する浪漫派の文学遺産は継承しなくてよい、と言っているようにみえる。つづけてエリオットは、伝統とは歴史的感覚をふくむものだ、とのべる。《この歴史的感覚には、過去がすぎ去ったというばかりでなく、それが現在するということの知覚が含まれるのであり、またこの感覚をもつ人は、じぶんの世代を骨髄のなかに感ずるのみならず、ホメロス以来のヨーロッパ文学の全体が——またそのうちに含まれる自国の文学の全体が——ひとつの同時的存在をもち、ひとつの同時的な秩序を構成しているという感じをもって筆をとらざるをえなくなるのである。この歴史的感覚は、時間的なものばかりでなく超時間的なものに対する感覚であり、また時間的なものと超時間的なものとの同時的な感覚であって、これが作家を伝統的ならしめるものである。》

ここからエリオットは、詩を個性の表現ではなく個性からの逃避であると主張する。個の純粋な志としての詩という見解を否定する。彼にとっては、たった一篇の詩さえ、ヨーロッパ文学の歴史全体の集積として、存在している。《芸術の情緒は没個性的である。したがって、詩人がこのような没個性に達するためには、じぶんのなすべき仕事に全身をうちこむほかにみちはない》とエリオットはいう。かくして詩から作者は消去され、純粋な芸術作品となって自立するわけだ。

しかしどうも俺には、エリオットの伝統概念がなじみにくい。伝統とは人間の生活の中で、身体をつうじて継承されてゆくものだと思うのだけども、文学はそうしたものとはかかわりなく、観念として蓄積されるものだから、こうした「歴史的感覚」をそのまま伝統とよぶには抵抗を覚える。つまり、「文学」と「伝統」という概念がなじまないものに思えてしまう。これは俺が近代と伝統が切断されてしまっている日本人だからだろうか。ちなみに、金芝河の次のような文章を読めば、そこには民衆の生活と身体をつうじた芸能が、あきらかに守るべき伝統として息づいていて、それを新たな文学に転用し再生させる精神の冒険の存在を、痛烈に感じるだろう。《素朴な抒情歌謡、労働歌謡から専門化したパンソリにいたるまで、多様な程度の差異をみせながら、次第に洗練され、質的に発展してきた表現形式の体系の徴《ママ》分化現象が研究によって明らかにされている。これを正しい方向へ継承発展させうるならば、現代的な現実内容の鋭い挑戦をも充分に受けとめることのできる新たな詩形式の宝庫ともなりうる》《真の民族文学は、現実の圧倒的な挑戦を前にして、いきいきとした民衆的情緒の表現に密着した独特の民族的・平民的形式が、選択された外来の近代的文学表現の現代的原理と高い知性の照明の下で統一されるときに、はじめて可能である》《短形の抒情歌謡、労働歌謡より、長形の叙事民謡、叙事巫歌、パンソリ、そして、文学としての仮面舞踊、人形劇のセリフなど言語表現と関連した広範囲の民芸領域の、採集・分析・研究、ならびに比較研究活動などの新風がおこらなければならない。そしてその過程で抽出され、機能された文学精神と、形式原理、表現価値を、なんらかの批判、検討を経て、現代詩の領域に引き入れる作業および協同作業が活発に展開されなければならない。とりわけ中世、平民文学の魂ともいいうるユーモアと諷刺は、われわれの現代詩が国民文学を建設するための豊かな土壌となると信ずる》（「民族のうた、民衆のうた」渋谷仙太郎訳、『長き暗闇の彼方に』所収）

ひるがえってエリオットの文学観を眺めれば、閉ざされた書庫の中に死蔵されている、ホメロスやダンテやシェイクスピアの文章をひっぱりだしてきれぎれに引用することが伝統だという、哀しい情熱しか感じられない。それは守るべき生きた伝統といえるのか。テリー・イーグルトンが《過去のどの作品が永遠の価値をもつかということではなくて、T・S・エリオットが自分で詩を書くときに助けになるようなものというのが〈伝統〉の認定基準となっているふしがある》（『文学とは何か』大橋洋一訳）と皮肉っているように、伝統を自説につごうよく切り貼りしてるだけのように思えてしまう。丸谷才一が「伝統と個人の才能」を、《実はアヴァンギャルド文学の擁護と顕揚の文章であったのだ》（「西の国の伊達男たち」『エリオット選集別巻』所収）と指摘しているように、伝統なる概念は個性を否定し作品を自立させるための方便として利用されているだけのように思えてしまう。

それにしてもT・S・エリオットの詩は、まるで詩経のような難解さがつきまとう。代表作「荒地」一篇をとってみても、著者本人のものをふくめて夥しい注釈が添付され、あまたの読解を誘発する。エリオットはカール・マーニーのように、あるいはマラルメのように、研磨に研磨を重ねるのではなく、むしろぎゃくに雑多な技巧を凝らし採込み、詩をふくらませてゆく。それは叙事詩的というより、いくぶんかは小説的であり、また演劇的、さらには映画的でさえある。彩りゆたかな引用が織りなされ、古代オリエントの神話やインドの思想が、聖杯伝説とからみあい、現代社会の荒廃を透かして映しだされ、蘇生されるべき何物かと結びつく。読み手は、その字句のひとつひとつと向きあい、ていねいに解きほぐし、意味を発見し、あるいは創造してゆかねばならない。

たとえば第二次世界大戦後のエリオット翻訳は、アラブ世界の詩の方向を完全に変えてしまったという。「荒地」における古代オリエント神話が、復活・再生の神をあらわすタンムーズを名乗る一派に受け入れられ、より根源的な文学運動を生みだした（関根謙司『アラブ文学史』）。

詩経がさまざまな解釈にさらされてきたのは、その初発の志が伝統として正しく継承されてこなかったからだろう。《話し言葉でさえも韻文であったかもしれない時代、あるいは、すべての書きものが韻文で記されていたであろう時代から、次第に韻文の司るべき範囲が狭ばめられ、ついには、韻文や詩が知識人の専有物となって、一般大衆から見れば一種の知的遊戯の観さえ呈するようになってしまった、あるいは、彼らの実生活と詩が分断されて、彼等から全く関心さえも示されなくなった現代の詩の置かれている状況の先駆的な現れとして、エリオットの詩を捉えられるのではないだろうか》と渡辺信二はのべる（『荒野からうた声が聞こえる』）。この視点は、一章目でふれたエドマンド・ウイルソンによる、エリオットを筆頭としたモダニズム詩の批評と問題意識を共有している。現代詩は、現代人の生活とすっかり乖離した存在になっている。詩経国風の民謡が、周の王侯貴族や、春秋戦国時代の諸侯や思想家、漢代以降の儒者たち、そして俺ら近代人の感覚とまったく切り離されているように。感性による理解を超えたものにたいして、解釈が必要とされるのだ。英国では《保守的であることがそのまま独創的であり進歩的》なのだと深瀬基寛は指摘している（「エリオットの詩学」『深瀬基寛集　第一巻』）。エリオット自身はなによりもまず、新しさを志向し、つねに前進するモダニズムの詩人だったことを忘れてはならない。古い形式を墨守せず、むしろそれを否定する。彼の伝統論が、神の死によって歴史感覚を喪失し、虚無化してゆく近代文明への危機意識の表明だったとしても、その実践としての詩は文学の前衛に布陣する。後方にあってモダニズムに霊感をたえず補給し、先鋭的な実験を支援しつづける兵站こそが伝統なのだ。

詩か小説か

エドマンド・ウイルソンは『アクセルの城』のなかで、エリオットにも多大な影響をあたえた象徴主義について、こんなふうに説明している。《われわれが経験するいかなる感情または感動も、意識のどんな一瞬も、それぞれみな異っている。従って、われわれの感動を通常の文学の伝統的、一般的言語を通じて現実に経験したとおりに再現することは不可能である。詩人にはそれぞれ独自の個性がある。彼の一瞬一瞬にはそれぞれ特別の色合いと、諸要素の特別な配合がある。そして、己の個性や感情を表現しうるのはこれしかないという特別の言語を発見し、新たに作りだすことこ

それほど特別な、そ詩人の仕事なのである。そういう言語は象徴を用いるものでなければならない。それほど捕捉しがたい、そしてそれほど朦朧としているものは、直接的な叙述または描写によって伝えられるものではない。ただ一連の言葉やイメージによってのみそれを読者に暗示することができるのである。象徴派の詩人たちは、詩においても音楽の場合と同じ効果を生みだそうという考えにとりつかれて、これらのイメージを音楽における音符や和音のような抽象的価値を持つものと考える傾向があった。しかしわれわれの言語における言葉は音符ではない。象徴主義における象徴の実体は、主題とは切り離された暗喩であったのだ。なぜなら、詩においては、ある点から先は、色や音をそれ自体のために楽しんでばかりはいられず、イメージが何に対して向けられているかを推測しなければならないからである。かくて、象徴主義とは、周到に準備された手段――暗喩の混淆によって表される錯綜した観念連合――によって特異な個人的感情を伝達する試みであると定義されるであろう。》

ここに、ポオからマラルメに至る、また、浪漫主義から象徴主義への流れのなかで煮詰められてゆく純粋詩幻想の方法の根がたくみに描きだされている。世界のすべてを言語化しようと志す絶対的純粋表現への欲望が、現代詩をとほうもなく難解にする。その言語は、普遍化された宇宙を表現するというより、自我を消滅させせた文学者の個性が、突出した技法によって逆によりいっそう際立たされたもので、余人の平易な感覚的理解を拒む。その世界の中で象徴されているなにものかは、すでに誰もが知るべき存在ではなく、特殊な修辞としてのみ扱われ、表されているからだ。自分の経験も踏まえて俺的にごくごく単純に表現すると、たいていのばあい、人は十代の多感なころ、おのれの実存と交わるかたちで、文学作品に親しむ。詩ときいたらまず恋愛詩を連想するように、それは個人的抒情的なものと捉えられる。だから青少年は浪漫主義の詩に感情移入しやすい。ボードレールやベルレーヌやランボーあたりまでは、比較的理解可能だろう。でもマラルメやバレリイとなると、これはもう、外国文学の研究者でもないかぎり読まない、てか読めない。そもそも翻訳ではほんとうに詩を味わうことなど不可能なのだ。というわけで、けっか詩人を理解できるのは、同じ志を持つ詩人だけとなる。文学を批判できるのは、もはや文学者だけということになる。こうしてやがて青年は文学を捨て社会へ出てゆく。二十五歳をすぎてなお詩人たらんと欲する者には歴史的感覚が必要不可欠だとエリオットがいうのは、もっともな主張かもしれない。個性（感性）だけで職業としての文学はやっていけないからだ。

ウイルソンは「韻文は滅びゆく技法か？」でつぎのようにのべている。《『ユリシーズ』におけるジョイスは、基本的には散文ふうの構造のなかで韻文の韻律も用い得るような、独自の、新しい手法をつくりだしたのだ。また彼は、『フィネガンズ・ウェイク』という、古風な用語によっては散文とも韻文とも規定することのできない作品をつくりだした。》

エリオットもまた「『ユリシーズ』、秩序、神話」でこう書く。《ぼくは『ユリシーズ』を「小説」と呼ぶことによって、問題を割切ってしまうつもりはない。もし何なら、それを叙事詩と呼んでもいっこうかまわないのだ。そして、もしそれが小説でないならば、その理由は単に、小説がもう役に立たない形式であるからにすぎない。また、小説とは一つの形式ではなくて、もっと厳しい形式の必要を感じるほどあらゆる形式を失いきってはいなかった一時代の、表現だったからにすぎない。》(丸谷才一訳、世界教養全集別巻2『東西文芸論集』所収)

エリオットもウイルソンも、『ユリシーズ』を詩の特性と小説の構成をあわせもつ、新しい形式の文学だということを主張しているのに、両者の結論はすれちがい、別別の道を歩んでゆく。篠田一士は二人の対立をこのように要約する。《エリオットは(略)、小説はフローベールとともに終わったという言い方をしていたが、(略)エドマンド・ウィルソンは、フローベールとともに小説は詩の役割まで兼任することになり、以来、詩の領域は狭められる一方だという意味合いのことを書いている。》《エリオットはジョイスのなぞめいた巨大な仕事は詩、とくに彼自身がその先導者のひとりとなった「現代詩」の勝利だといいたげであり、ウィルソンはウィルソンで、それはフローベールからプルーストを経た現代小説の絶頂であることを暗にほのめかすのである。》(『東西文芸論集』解説)

エリオットが文学の根本原質として「詩」をみているとすれば、ウイルソンはそれが進化の途上で淘汰され、「小説」という形態に姿を変えて発展しつつあると考える。現在の状況に限定して考えると、陣地合戦において小説が詩を文学から駆逐してしまったという意味で、ウイルソンの見識のほうが正しかったようには思える。かろうじて生き残った詩も散文化し、形式を捨て、志の発露ではなくなり、他者に訴えかける力を減しつつある。しかし詩が役割を失ったとすれば、小説もまた役割を終えているのではないか。小説はただ商品価値という一点においてのみ、延命しているだけではないだろうか。そしてウイルソンもかつて書かれたもっとも大胆な書物とよぶ（「H・C・イアリッカーの夢」『アクセルの城』所収）、「フィネガンズ・ウェイク」こそ、詩も小説も超えた、新しい形式の文学だったのかもしれない。

けれども、これまでにない新しいかたちの文学がもし創造される可能性があるとすれば、そこには文学の創られる場の変化が、近代社会の構造の根本的な変化が伴なわなければならないのではないだろうか。あるいはすくなくとも変化を促す思想が必要とされるのではないだろうか。

面白いことに、発表まもなく、批判にさらされまくっている「荒地」をいちはやく擁護し絶賛したのは、まだ無名だったウイルソンだったという。そこには文壇事情も絡んでいたようだが、二宮尊道によれば《この詩は「じつに勝利に次ぐ勝利である」、この詩人の「瑣末事の数々も他の詩人たちの叙事詩以上の価値がある」。なるほど彼の詩は「窮屈な情緒の経験の所産とも思われよう」、またその作品は「人生から汲み出し得なかった情熱を多分に書物から導き出しているとも見えよう」、しかし「こういった抗議のすべては……エリオット氏が詩人であるという事実——この一大事実の前には影がうすくなる」という調子》だったという（平井正穂編、20世紀英米文学案内18『エリオット』）。

伝統とは何か

「荒地」に暗示をあたえたとエリオットが自注でのべる、ジェシー・ウエストンの『祭祀からロマンスへ』は、フレイザーやハリソンの多大な影響のもとに、古代の祭祀と聖杯伝説とのつながりを探っている。《二〇年代は抽象芸術の背景としてアフリカ原住民の芸術やジャズが流行した時代であった。神話の流行もこの一連の傾向の現われの一つとみなすことができる。モダニズムと神話と新しい観点からの文学伝統——この三者の関係は、特にエリオットにおいては、その暗部で明確な解答を引き出すことができない可能性を秘めている》と高柳俊一は指摘する（『T・S・エリオットの比較文学的研究』）。「伝統と個人の才能」が書かれたのとほとんどおなじ時期に、エリオットはアメリカ先住民の詩歌集を論評しているそうだ。それがどのような内容だったかはわからないが、越沢浩によれば、《これはエリオットの未開人の芸術や詩およびその現代人の生への新鮮な刺激に対する強い関心を示している》（『T・S・エリオット『荒地』を読む』）という。マルセル・グラネが古代中国の歌謡にみたのと等しい世界に、このときエリオットも手を届かせていたはずだ。のちエリオットはキリスト教に帰依するが、「荒地」の時点ではあきらかに西洋の伝統とは異なる神をも思想的可能性のうちに孕んでいたはずなのだ。

現代異端入門の書と称する講演録「異神を追いて」でエリオットはつぎのようにのべる。《私のいう伝統とは最も大切な宗教儀式からつね日ごろ他人に挨拶をする仕方に至るまでの一切の習慣的行為、すなわち風俗習慣のすべてを含んでいる。》《伝統とは幾代にもわたって一つの集団の特質となっている感情と行為の様式であり、それは主として、あるいはその要素の多くは無意識でなければならない。》（中橋一夫訳、『エリオット選集第三巻』所収）いわれてみれば伝統文化の総合体を意味した「礼」という言葉は、こんにち一般的には日常の挨拶をふくめて他人に頭をさげることを意味している。そこには相手への畏敬と和平が籠められている。そうおもえば、慣習には伝統が澱のように残されているといえるわけだが、だからといって挨拶をそのまま伝統とよんでよいものかは迷う。

俺は伝統がもっぱら制度とよばれ疑われてきた時代に精神形成した人間ではあるけれど、そうした風潮には距離を置いていて、伝統とは守るべき大切なものだと考える。そんな俺でも「一切の習慣的行為」を伝統というのは無理があるのではないかと思うのだ。バレンタインデーにチョコレートを渡すことが日本の伝統だと考える人はそれほど多くないだろうし、自動階段の右側を空ける行為が幾代にもわたれば伝統になるとも思えない。逆にげんざい伝統と思われている事物や行為が、すべて無意識に支えられているとも思わない。むしろ制度として創りだされたもののほうが多いだろう。それこそが伝統なのだ、といわれれば、もう俺には言うことなどない。伝統は否定されるべきものとなる。俺がいわゆる保守派の言説をあんまり信用してないのは、真に守るべきものを守らず、守る必要のないものを守っているように思えてしまうからなのだ。監視と処罰で近代の産物である日の丸君が代を守れと声高に叫ぶ人間が、日本の重要な文化遺産である古典芸能を軽んじ滅ぼそうとするのであれば、いかがわしさを感じるのがあたりまえではないか。日本の国土を最も破壊してきたのは保守体制だろう。神を祭るとき、そこに神がほんとうに存在すると信じて祈らなければならない。人人をとりかこむ自然に神が宿っていると信じること。それこそが人類の普遍的基層としての伝統のあるべき姿だったはずだ。信ずべきものを、直接的体験を、失ったのち、反省的に発見される伝統とは、真の伝統から歪んだかたちで現われるのではないか。

「異神を追いて」では西洋文化の正統からはずれた異端瀆神の作家として、D・H・ロレンスが指弾されているのだが、『アクセルの城』でウイルソンは、《みずからを自分だけの私的な世界に閉じこめて、ひたすら自分の私的な幻想を追いもとめ、自分の私的な熱狂を奨励し、窮極的には自分の不条理きわまる妄想をどんなに驚くべき同時代の現実よりも好み、窮極的には自分の妄想を現実と見誤る》アクセル（リラダンの劇詩の主人公）の道と、《現代の工場生産方法や現代の民主的諸制度がまだ到来しないためにいかなる問題も芸術家に対して提起していないどこかの国で、良き生活を発見するため》近代世界（西洋）をあとにしようとするランボーの道とを、現代文学者の特徴と看做している。同書で論じられた作家・詩人は概してアクセルの道を歩んでいるとされるが、ランボーのごとく未開への憧憬を抱き、現代社会に目を背け、身悶えしながら放浪をつづける作家のひとりに、ロレンスがあげられている。

進歩的文化人ウイルソンにとって、アクセルの道もランボーの道も、おなじく現代社会からの逃避にすぎない。《現代の「未開人」に対するあのヒステリカルな興奮ぶり（略）これらはみなランボーの航跡を追ったのであった》とのべるウイルソンは、未開文化への関心を、若き日のエリオットほどにも持ちあわせていないようだ。《たとえ目の前には見えなくとも、機械文明やら貿易やら民主教育やら規格化やらをわれわれは自分の精神や習慣のなかに持っていて、逃避する先々のアフリカなりアジアなりにそれを持ちこんで行く》とウイルソンが書くとき、それはエリオットの《本当の教育がなすべきこと（略）は正統的な信仰を受け入れる賢明でひろやかな能力を発展させ、異端への途方もなく遠心的な衝動から個人をまもり、個人に個性的な判断をさせ、同時に民族の経験がもたらしたさまざまな判断を個人に理解させ、判断させることなのである》（「D・H・ロレンスについて」篠田一士訳、『エリオット選集第三巻』所収）という言葉とあわせ鏡のようにみえてくる。ウイルソンにとっては「近代」が無意識の慣習となっていて、エリオットは「伝統」こそが人間の内部にそなわっていると考える。西洋にあって非西洋に憧れるロレンスのような人物は、ふたりにとって突きささった棘のような共通の異物となるのだ。

エリオットは講演録「キリスト教社会の理念」において《自由主義は民衆の伝統的社会習慣を破壊し、その自然な集団意識を選挙民という個体に分解し、もっとも愚かなものの意見を瀰漫させ、引出す教育（education）ではなく詰め込む教育（instruction）をやり、叡智よりも小利口を、有能なるものよりも成上がりものを奨励し、その対立物としては絶望的無気力があるにすぎない出世主義の観念を養います。》《際限のない工業化の傾向は、伝統から離れた、宗教から隔絶された、大衆的な暗示にかかりやすい一群の男女――あらゆる階級の男女を生み出すことになります――要するに衆愚を生むのです。いかによい衣食住があたえられ、訓練がなされていても、衆愚は要するに衆愚なのです。》《公のものの破壊と私的な利潤という原理に基づく社会の組織は飽くなき産業主義によって人類を歪曲し、自然の資源を枯渇せしめる、ということを私どもは知りつつあります》（中橋一夫訳、『エリオット全集5』所収）とのべ、大衆民主主義を厳しく批判する。この講演において異教とされているのは、おもにソビエトやナチスドイツといった全体主義社会のことなのだが、だけでなく、資本主義の発達によって生じた社会もふくまれている。つまり、エリオットが「異神」「異教」とよぶものは、非キリスト教社会の信仰を指すのではなく、西洋の伝統を内部から蝕む近代精神のことなのだ。

保守主義と新保守主義

エリオットの伝統主義世界観への批判はあまたあるだろう。たとえばハロルド・ラスキは、自然な感情の流露がまったくみられず、ほとんどの人人には理解不可能なその詩作から、大衆と民主主義への嫌悪を見出し、激烈な調子で弾劾しているし（『信仰・理性・文明』）、テリー・イーグルトンは極右的権威主義とよぶ（『文学とは何か』）。こうした進歩的文化人とはちょっと違った角度からの批判を紹介したい。由良君美「T・S・エリオット——または石の生涯」（鍵谷幸信編『エリオットの詩と芸術』所収）がそれだ。由良によれば、エリオットは反ロマン主義者を自認していたが、そのじつロマン派の鎧兜を借りたまま、安全地帯で古典主義を口にしていたとのべ、オットー・アーンのバレリイ伝に倣い、浪漫派擁護の立場から、エリオットの人生と思想を痛罵と嘲笑にあふれた戯画となす。それは浅野裕一の著作『孔子神話』を思い起こさせる。浅野はその第一章第二章において、聖人として神格化された孔子像を一変させ、強烈なまでに辛辣な筆で、俗塵にまみれ、野心に満ち、立身出世を願い、叶えられず嫉妬に狂い、じつは礼楽のまともな知識さえ持たず、詐欺まがいの学問に手を染め煽動したきわめていかがわしい人物を、描きだしている。おなじように神格化されたエリオット像を解体させる由良の論文は多くの反感を買い、のちにみずから「僕はあのおかげで、もう少しで日本英文学会を永久追放されかかったよ」と語ったという(四方田犬彦『先生とわたし』)。その要は、エリオットの伝統文化主義が、いかに浪漫派詩人コールリッジからの請売りかを示し、相対化した部分だ。由良によれば、コールリッジの思想はエリオットよりはるかに濃く深く、具体性に富んだものだという。

《コールリッジの国家理論は、国家を一枚岩的な権力機構として考えず、諸々の構成要素が全体として有機的均衡を実現してゆくことを目指すものと考えるところに成りたつから、民主政権の行使する権利にも、また君主の権利にも、厳しい制限が付けられている。この制限主権的な側面こそ、数ある近代有機体論的国家観のなかで、コールリッジの理論に異彩を放たらしめるものであるが、同時にまた、独自の国家干渉権の理論を展開させる一面ともなった。コールリッジは生産と配分の経済活動は国家からの干渉なしに個人の利害に基づいてなされるべきであるとし、「私利の軸の上に全内的世界が回転している人々」の有用な社会的機能を認める点で、レッセ・フェール派と見解を同じくするが、それは飽くまで商業に関してのことであり、農業に関しては、そうではない。コールリッジは、経済問題に関する国家の実際行動に、レッセ・フェール派よりも広い根拠を与えている。コールリッジは国家の干渉権を容認するが、それにたいし、「極端な場合に限り」という制限をつけようとする。極端な場合とは、「引き離したり他に代換したりすることのできない財産にたいして、破壊的な侵犯が行われる場合、つまり、健康・体力・誠実・子にたいする親の愛にたいして」侵犯が行われる場合である。このような破壊的侵犯が現に行われたと判断される場合、国家は干渉権を行使しなければならない。国家の目的は、国富・国収の増大、その正しい配分のみを心がけるだけではまだ足りない。各人が自己の救済を遂行しうる機会を与え、よき生を各人が知り、それに達しうる機会を設け、これを保護しなければならないとする。この保護は、市民の自己実現を促進するという国家の義務であり、それに必要な機能を行使する権利を国家はもつべきである。このような道徳的意味における権利と義務のネットワークが、道徳的統合・有機的全体を造る、と考える。》

市場原理主義に侵され巻き込まれた現在の世界経済を髣髴とさせるので、つい長めの引用をしてしまったが、伝統保守とはまるで正反対の思想であるはずの新自由主義が、なぜか同一視されたことが、世界を不幸にしてきたことは間違いない。進歩思想を推し進めたのは左翼だけではない。保守とは似て非なる政治的現実主義や経済的自由主義こそ、新保＝進歩となり、伝統を絶滅に追いやってきたのだ（コールリッジと保守思想については中野剛志『保守とは何だろうか』が参考になる）。エリオットはとうぜんこうした文化破壊主義を非難しているというのに。

またエリオットのキリスト教正統主義礼賛を、ウイルソンはこう批判する。《キリスト教の二千年になんなんとする血腥い記録を見ると、どうしてエリオットがキリスト教に人類救済の希望を託すことができるのか、わたしには理解できない。》（『バトル嬢』と『エリオット氏』『アクセルの城』所収）俺みたいなキリスト教・西欧文明に憎悪を抱くものからすれば、この批判にはまったく同意せざるを得ない。非西洋社会をどこまでも破壊してきたのは、キリスト教を尖兵とした植民地主義だったではないか。しかしウイルソンのつぎのような近代社会礼賛をみると、やはり両者とも同じ穴のなんとやらではないかと思う。

《産業社会において労働者階級の生活水準は上昇している。合衆国の文学の創作量は、過去数十年間に（略）前世紀の五十年代以来もっとも豊かな、かがやかしい時代を経過した。科学教育と技術教育は、ヒューマニズムの理想がそびえ立っていた数百年前には夢でしかなかった勝利感を人類に授けた。》（同前）

エリオットとウイルソンの見解の相違は、かんたんに「保守」と「革新」の対立といってもいい。それは古代中国における儒家と墨家の対立にも似ている。エリオットを《人間の生活がいまや卑俗な、あさましい、平板なものになったとつねづね感じ、かってはそうではなかったという思いにつきまとわれ、悩まされている》と批判するウイルソンは、社会はかならずよりよい方向に進歩するという、きわめて楽天的な考えに凭れかかっている。エリオットが求めるものはかつてあった秩序の復権であり、ウイルソンの望みは近代のよりいっそうの発展だ。しかしどちらも現実社会の変革を促す思想の必要を主張している。面白いことに、エリオットが保守主義者であるとどうじに前衛詩人でもあったように、ウイルソンも進歩思想を抱きながら豊富な歴史感覚をあわせもち、いつしかエリオットとは別個に伝統への道を見出してゆくのだ。

ウイルソンが発見したもの

ジェシー・ウエストンは『祭祀からロマンスへ』でこう記す。《キリスト教が、それ以前に存在していた崇拝からいくつかの外面的な記号やシンボルを採り入れ、すでに存在している断食や祝祭にみずからを順応させてきたのかも知れないということ、（略）このような接近（略）がさらに遠くにまで及んでいたこと、それがキリスト教信仰の本質そのものの中に内在さえしていたこと、古代のもっとも深遠な思想家たちのある者にとってはキリスト教は、新しいものではなく、世界の初めからさまざまな秘儀のなかに秘められていた約束の成就と考えられていたにすぎないということ、これらは多くの人たちにとっては、奇妙でかつ驚嘆すべき考えだとうつるだろう。だが、それはまさにその通りだったのであり、わたしの確信によれば、キリスト教と異教の秘儀との間にみられる本質的な類似性に対するこのかつての要素を認めることによってのみ、聖杯の秘密を解くかぎが見出されるのである。》（丸小哲雄訳）

つまりは、周の社会が、夏や殷や、それよりもっと古い社会の伝統を受け継いだように、キリスト教もまた、それ以前の、古代とか未開とかよばれる社会の宗教の伝統を受け継ぐものだった、ということだ。それが、フレイザーやハリソンによる、二十世紀初頭の新しい知の指し示すものだったろう。エリオットもキリスト教よりさきに、そうした思想の洗礼を受けた。発見された古い異教は、キリスト教文明のみならず、近代文明という新しい（エリオットがのべるところの）異教的価値をも相対化し、揺るがしてゆく。

進歩的文化人ウイルソンもやがて社会主義に失望し、その視点は過去へ過去へと遡ってゆく。革命思想の歴史をまとめた『フィンランド駅へ』と南北戦争時代の文学を論じた『愛国の血糊』はそうした偉大な成果だが、ルポルタージュ『死海写本』は、第二次大戦直後に発見された、キリスト生誕以前のものと推定される古代ユダヤ教の一宗派の遺した経典群を追いながら、キリスト教の起源を考察するものだ。彼は写本のひとつ「ハバクク書注解」にあらわれる「義の教師」とよばれる人物に注目したソルボンヌ大学のデュポン＝ソメール教授の見解を紹介する。義の教師は神の選びし者とよばれ、啓示の力に恵まれた、貧しい人人からなる共同体の指導者だったらしい。彼は「悪しき祭司」「偽りの預言者」とよばれる人物から迫害を受けたという。デュポン＝ソメール教授が指摘するのは、義の教師とキリストとの著しい類似であり、それによりキリストの思想は新しく勃興したユダヤ教の一宗派の教えを受け継いだものとされるのだ。この主張によって死海文書についての議論は極限の緊張点に達したという。教授はのべる。《このユダヤ教の新しい契約に含まれるすべてが、キリスト教の新しい契約を先ぶれし、それに至る道を準備する。新約聖書に書かれているところから私たちが思い浮かべるガラリヤの主イエスは、多くの点で義の教師の驚くべき再生であるように思われる。彼（義の教師）と同じようにその人（イエス）は、悔い改めを、貧しさを、謙譲を、隣人愛をそして純潔を説かれた。》《この二つの宗団のうちで、ユダヤ教かそれともキリスト教か、そのいずれかに優先権があるかという疑問である。二者のうちいずれが他に対する影響力を持ちえたか。答えは疑う余地もなく明白である。義の教師はおよそ紀元前六五—五三年に死んだ。ナザレのイエスはおよそ紀元後三〇年に亡くなった。さきの類似点からみれば、いずれかが他を借用したと考えざるをえない——あるいはそう考えたくなる——のだが、いずれにせよ借りた側はキリスト教であった。》（桂田重利訳）

キリスト教の輝かしい伝統は、こうしてユダヤ教というさらに古い伝統に吸収されてゆく。キリスト教の起源は神の啓示として宣伝されるより人類の歴史の一挿話として理解される方が有益だとウイルソンはいう。

ウイルソンは『死海写本』でみずからの気質を「神話収縮者」だとのべている。彼が社会主義や南北戦争について書いたとき、その歴史的な危機の劇的な興味、さらにそこで大きな役割を果たしている改革の理念に魅かれた。しかしいざそうした問題を描こうとなると、ついそこにひそむ理念的な虚勢に収縮作用をかけてしまうのだという。革命だの愛国心だの宗教だのといった、ひとびとを魅きつけてやまないものを取りあげつつも、そのなかに深くのめりこみ、耽溺し、崇拝し、熱狂するべきではないのだ。《イエスの死後、すべてを赦し、すべての苦難を負い、すべてを償う半人神イエスの神話が形成されて、それが幾世紀にもわたって存続しつづけたことは驚くべきことである。また同時に、その間、そのイエスの名において多くの惨事や憎悪が正当化され、多くの分裂がそのまま維持されたことも、また同時に、この神話が今なおある種の例外的な人たちにとって現実的なものとして存続し——さらに多くの人びとがその教えに取りつかれ——かれらがこの人間の想像力の所産である偏執的理念にみずからの思想と行動を合一させようとしていることも驚くに値する。》エリオットに浴びせたキリスト教への嫌味が、変わらず保たれているけれど、その刃は社会主義思想にも向けられる。キリスト教国が狂信的迫害と殺戮戦争の別名になっているように、共産主義も専制政治や隷従を強いられる人民の別名になってしまっているという。ウイルソンは、エリオットがキリスト教の伝統・正統とはまったく違った異教的な思想とする全体主義を、似通った存在としてみようとしている。あらゆる宗教や思想の持つ力は、人類の無邪気な信じやすさから生みだされているというのだ。ウイルソンが純粋詩幻想に収縮作用をかけるのは、文学にたいしても同じ思いを抱いていたからだろう。ウイルソンは文学を社会や人物から切り離して読んだりしない。彼が一九五五年と六九年の二度にわたって死海写本を取材した著作を刊行し、キリスト教徒とユダヤ教徒との近親憎悪について書きつけずにいられなかったのは、純粋に宗教思想への興味だけでなく、宗教と愛国心と改革の理念が渦巻き絡まりあい、緊張から破壊をよびおこすとうじの中東情勢が大きく影を落としているのだろう。

いまひとつウイルソンがみているのは、反極作用というものだ。ヘロデ王の蛮行の時代から、原始キリスト教は生まれた。迫害のなかから人を許す教えがあらわれる。パステルナークはソビエト政権下でイエスの原理と同じ信条を再主張し、スターリンの娘はソ連から脱出し、ギリシャ正教の洗礼を受けた。愚鈍で残忍な社会の情況から、調和と忍耐と平和へむかう力が鼓舞される。初期の共産主義もそうした時代から生まれたのだ。しかし逆もまたありうる。理想は愚行になり、愛が憎悪と殺戮をよびさます。希望が絶望から生まれ、絶望が希望から生みだされるのだ。ウイルソンがのべるのは楽天的な変革でも虚無感でもない。それは《忍耐強く、執念深く、みだりに悲観もせず、楽観もせず、生き通して行く》(「散文精神について」)とのべた、広津和郎を思い起こさせる。もしかするとウイルソンは人生の隣にあるべき散文芸術としての小説を、社会や人生から切り離された純粋詩より、上位に置きたかったのかもしれない。

ロレンスが発見したもの

《救い主=メシアへの待望と、彼を祈り求めることが、正典の諸書にそれまで書かれてきた以上に重要となり、さし迫った事態になってくると、新たに書かれる文書はますます黙示録《アポカリプス》的な形をとってくる。つまりその表現は、象徴的な姿の人物や動物、神性や魔性を帯びた存在、天上的また地獄的な現象の、変幻きわまりない走馬灯的光景に擬せられて、そこに過去、現在、未来の姿が黙示される超自然的な幻想の形をとる》《最も重要な教義の一つは「二つの道」の教えである。これは死海文書の多くにあらわれる教義だが、古代ヘブル人には全く知られていなかったものである。死海文書にはくりかえし闇の道と光の道、闇の霊と光の霊、闇の子と光の子への言及が見られる。この光は真理で、闇は虚偽である。メシアたる義の教師はしばしばベリアルまたはベリアーとして知られる悪神と対立させられ、善の道は救いに通じ、悪の道は苦しみに至る。また、これもそれまでのユダヤ教では知られていなかった教義だが、時の終末には最後の審判が予定されて、そのときメシアは世界を分割し、神から選ばれた者である彼メシアが、選ばれた民、すなわち新しい契約の人びとを救い、それまでかれらが敵の手によって受けてきた悪はこのときついに復讐されることになっている》と、キリスト教の誕生前夜をとらえつつ、ウイルソンはのべる。非ユダヤ教的とされる死海写本の善悪二元論を岡田明憲はゾロアスター教の伝統とみている（『ゾロアスターの神秘思想』等）。ともあれ、ここでただちに、死を目前にしたD・H・ロレンスがキリスト教と西洋文明への痛切な呪詛を綴った作品、『黙示録論』を想起することが可能だろう。ウイルソンがあくまで実証的に論じようとしたユダヤ教とキリスト教のはざまの問題を、ロレンスは恐るべき直観で描きだす。

新しい契約とよばれた、愛を説く聖なる書物。なぜかその末尾に、「ヨハネの黙示録」という、神の子や使徒たちの教えとはかなり異質な一文がぽつりと置かれている。そこでは魂の救いは語られず、敵対者への復讐が狂熱的に絶叫されているのだ。ロレンスは黙示録を、イエスの福音とはかけはなれたものとみ、ユダヤ的な選民思想のあらわれとする。キリスト教はふたつに分断された。

ひとつは愛と優しさの、もうひとつは弱者による権力の打倒と復讐をめざすものとして。古代ユダヤ教の伝統が、隔世遺伝してキリスト信仰にとりついたのだ。その伝統は社会主義者の革命思想に受け継がれている。これがロレンスの眼に映るキリスト教社会の理念なのだ。

けれどロレンスは、始祖イエスが説いた純粋なキリスト教精神を、もうひとつさらに古い別の伝統のあらわれとみている。それこそが古代異教の世界観、コスモスの思想だ。そこで人間は、太陽や月や天空とともに生きる。《吾々とコスモスとは一体である。コスモスは広大な生きものであって、吾々はいまだにその一部である。太陽はいわばその偉大なる心臓として、吾々のどんな小さな血管のうちにも鼓動を伝えている。そして月は煌ける偉大な神経中枢であって、吾々は永久にそれを軸としてわななくのだ。》（福田恆存訳）黙示録も、もともと古代異教の精神が、ユダヤ的思想に上書きされたものとロレンスは推定する。福田恆存は、ロレンスはすでに異教精神への復帰を断念していたようにのべているが、どうだろうか。ロレンスは喘ぐように書きつける。《いまこそ吾々はコスモスをとりもどさねばならぬ。しかもそれは一時しのぎの弥縫策などでは為し遂げられるものではない。吾々のうちにあって死に倒れている偉大な感応系統の全域がふたたび息を吹きかえさなければならぬのだ。これを亡すのに二千年を要したのである。ふたたび生命を吹きこむのにどれだけの時がかかるであろうか。》

このような発想を、ロレンスは一体いかにして摑みとったのだろうか。おそらく数年前のメキシコ滞在が彼をコスモスに導いたのだろう。太陽を強烈に崇拝する古代文明。神話と遺跡。そしてそこで、いまを生きる末裔たち。人間の存在をおびやかし、ちっぽけな意義を霞ませてしまう大自然。太陽の熱気、青い空、白い雲、山山や平原、動物たち、植物たち、そうしたものが、コスモスへの陶酔と歓喜を育んだにちがいない。メキシコ先住民の穀物の成長を祈る儀礼をロレンスはこんなふうに幻視的に描写している。《太鼓は強烈な音をたてて鳴り続ける心臓の鼓動である。そして男たちの魂は天空に向ってさ迷い出て行く。それは熱くて暗い、目的を秘めた血の中から波打って震え、天空で永遠に漂う創造的存在を求め、自分との一体感を求め、さらに創造的な鼓動の神秘的なリズムをとめどなく追い求めて、地面の下に横たわるとうもろこしの発芽しかけた種子にまで達し、そこで男たちの暗い創造的な血から出てくるどきどきと脈打ち羽ばたくようなリズムによって、その胚芽の中で震えうごめく原形質を刺激し、つねにはその創造的エネルギーのリズムを成長する葉や茎にまで送り込むのである。》《こうして発芽の神秘劇が完成される。これは出産ではなく発芽であり、復活であり種子の内部で生命が湧き出すことである。空には火や水、星、漂う電光、風、寒気などがある。地には赤い肉体や眼に見えぬ熱い心臓、内部に満ちる水と種々の汁気と数え切れぬ物質がある。それらすべての間には小さな種子がある。(略)人間は穀物の発芽や成長、開花、結実などに参加する。そして、ついに彼がパンを食べる時、彼は以前に送り出したもののすべてを取り戻し、かつて広い宇宙から呼び集めて穀物の中に注入したエネルギーの分け前にあずかるのだ。》

(『メキシコの夜明け』古我正和訳)

コスモスの思想がまさにここに生きている。先住民たちは宇宙とともに生きている。ロレンスはそうした人間をまのあたりに眺め、つぶさに観察した。コスモスとの一体化は決して不可能性を前提にしたものではないだろう。ロレンスが黙示録のなかで注目する蛇や竜も、アメリカの古代人や先住民の文化から発見したものだろう。『メキシコの夜明け』でも、ホピ族の蛇踊りに一章を割き、蛇や竜の持つ宇宙的な象徴性神秘性を考察している。聞一多も、龍とは多くの異なったトーテムがないまざってできた一つの総合体だったと推察している（「伏羲考」『中国神話』所収）。ロレンスはアステカの神話と神神を、悪意ばかりで恩寵も魅力も詩もない虫の好かない代物と書いていた。おなじように、醜悪なものとして忌み嫌っていた黙示録の想像的描写から、翼ある蛇を見出し、古代の異教精神を感得し、それをきっかけにコスモスを読み解いていったものと思う。

キリスト教と近代を乗り越える思想

エドマンド・ウイルソンは『アクセルの城』で未開に憧れる「ランボーの道」をもうひとつの逃避とみた。一九三一年に書かれた「インディアン・コーンダンス」という記事（エドマンド・ウィルソン批評集1『社会・文明』所収）でも先住民舞踊の見物にあつまった白人たちを取材し、彼らが自分たちに欠けたものをそこから吸収しようとしていることを、神話収縮的に覚めた目で報告している。一九三四年にも先住民保護政策にふれてはいるが、あくまでそれを推進しようとする政治家の努力しか、描いていない。けれどやがて、社会主義に失望してのち、ようやくキリスト教とはちがった、もうひとつ別の伝統としてのアメリカ先住民文化に目を向けはじめる。一九四七年にはズニ族の儀式を見物し、演劇と礼拝が分離する以前の状態を見、《動物界の全生命と自然界の元素のパワーが人間の活力と結び合わされ、半人間的姿を与えられるのを目撃することはまことに驚くべきことである》と記す（「ズニ族――シャラコの祭り」前掲書、中村紘一訳）。そして死海写本に関する最初の本を出した直後、六つの先住民部族からなるイロコイ連合を取材し、「イロクォイ族への謝罪」と題されたルポルタージュを発表する（『森林インディアン　イロクォイ族の闘い』村山優子訳）。そこに描かれている先住民は、みずからの権利を主張し、積極的能動的に闘う人人だ。現存の社会主義国家に幻滅しても、資本主義陣営に鞍替えしたわけではないウイルソンは、アメリカ政府の強権に抗うもうひとつの原理をみつけた。それはとうじ世界的規模で進行していた、民族解放闘争とも軌を一にしたものだ。かといってウイルソンは、彼らの反体制性だけに共感するのではない。その文化に飛び込み、人人と対話し、彼らの歴史を学び、儀式に参加する。伝統の重要性にもしっかり着目し、キリスト教的伝統を相対化する。《なぜインディアンの教育ある若者たちが、キリスト教より恐らく古いと思われる彼らの伝統的祭礼や神聖な儀式に背を向けるよう期待されねばならないのだろうか。》

もちろん神話収縮者たるウイルソンは、ロレンスのように陶酔的に先住民文化に熱狂したりはしない。儀礼を描写するさいも、冷静さと客観性を失わない。指導者の悪い評判なども、隠さず書き込んでいる。ウイルソンの政治的急進主義や狷介な性格を批判したポール・ジョンソンさえ、《彼を他の知識人と異ならしめているのは、調査と著述の方法が、抽象的観念ではなく、個人であれ、集団であれ、人間に対する温かみや洞察力や教養にあふれた、強い関心に裏打ちされている点である》(『インテレクチュアルズ』別宮貞徳訳)と書かずにいられなかったように、彼は先住民たちを、どこまでも同時代のアメリカ社会にともに生きる人間(市民)としてみているのだ。ウイルソンが報告する、ダム建設反対の先住民の闘争は、村山優子が指摘するように、アマゾンやインドや日本で進行している自然破壊と先住民族の人権蹂躙と共通する。いや、もはや先住民だけの問題ではなく、あらゆる人人をその坩堝に投げこみ、生存をおびやかす、地球的規模での資本主義の異常な増殖ともかかわってくる。《我々の社会の官僚や技術者の制御が次第に困難になりつつある現在、我々市民すべてにとっての課題は、彼らが提案してくることの是非を吟味し、必要ならば、ビーバーの例のように我々の土地から追い出すような何か確実な手段も講ずることだと我々はますます気づき始めたのである》というウイルソンの診断は重要だ。イロコイ族の闘争を、われわれ自身の問題として受けとめなければならないのだ。

エリオットも、一九三〇年代からこんなふうに資本主義社会の病理を批判し、すでに亡くなっていたロレンスとの和解を匂わせるような言葉を残している。《公のものの破壊と私的な利潤という原理に基づく社会の組織は飽くなき産業主義によって人類を歪曲し、自然の資源を涸渇せしめることになる、ということを私どもは知りつつあります。》《自然と神との関連を回復する苦闘、最も原始的な感情さえも私どもの遺産の一部であるとの認識は、D・H・ロレンスの生涯を説明し、その正しいことを示し、彼の奇矯な行為も止むをえないものであることを物語っているように私には思われます。》（「キリスト教社会の理念」）エリオットにとっては近代こそ異教だった。ウイルソンがエリオットを嘲笑した『バトル嬢』と『エリオット氏』は一九五八年に発表されたものだそうだが、ここではさきに引用したように、近代産業社会が礼賛されている。それはエリオット流伝統主義にたいする神話収縮というべきかもしれないが、もしウイルソンがここでキリスト教より古い伝統を武器に問いかけていたら、どうなったろうかと思う。若いころは仏教徒を志したというエリオットが排他的原理主義者であるわけがない。彼がキリスト教的伝統を尊重したのは、みずからがそれを基盤に生きる西洋人だったからにほかならない。ロレンスやウイルソンは、そうした伝統をさらに古い伝統によって相対化し、解体する。ヨーロッパやアメリカの伝統とは、キリスト教だけではないのだ、と。

ウイルソンはそのイロコイ部族探訪の旅の最終章に、薬水儀礼の体験を書きつけている。それは瀕死の人を蘇生させる奇跡の療法を保持するため、歌を献上する儀式だ。その源になっている伝説とはつぎのようなものだ。

つねに動物を思いやり、親切にしているため、動物たちから尊敬されている狩人がいた。しかし彼はあるとき他の部族に捕えられ、頭皮を剝がれて死んでしまう。動物たちは嘆き悲しむ。そして皆で彼を生き返らせようと相談し、おのおのがじぶんの体の一部を提供し、強力な薬を合成する。大鴉が頭皮を取り戻し、狩人は蘇生する。そのとき彼は動物の言葉が理解できるようになっている。動物たちの素晴らしい歌を聴き、記憶する。動物たちは、人間が救いを必要とするときは、集まって歌うように、という。薬の作り方も人間に伝えられる。狩人は立ちあがり、仲間のもとへ帰る。儀礼はこうした神話を再現する。人間はさまざまな動物に変身し、歌う。それはまさしく中沢新一のいう「対称性の論理」だ。人と自然の結びつき。動植物や人間の魂をふくんだ美しい秩序の保たれた統一体。動物的本能と社会意識の混交。生類の普遍的基層を志向する流動的知性。人間と宇宙の照応。それこそが、コスモスの本質なのだ。儀式の導入部では、神とその副官である、太陽・月・星・風などの精霊に祈りが捧げられる。

全能の力を持って私たちを愛して下さい
いかなる宝物よりも
でなければあなた方のお言葉を
大空いっぱいにまき散らして!

北米先住民の口承詩集を編んだ金関寿夫はのべる。《「地霊」。この言葉が、それ以後私の耳にくっついて離れなくなった。あらゆる国の文学は、もともと「地霊」に動かされて出来たものであろう。だがアメリカ文学は、長いこと自分の「根」を、アメリカ大陸ではなく、遠くヨーロッパに求めていた。詩人のエズラ・パウンド、T・S・エリオットなどが、自分自身を、ホメロス、ダンテ、エリザベス朝の英文学などの伝統に結びつけようとしたのは、周知の通りである。だがいまやアメリカの文学が、ヨーロッパではなく、彼らが住みついた北米大陸の曠野に根を下しておよそ三百年。だからそれがいく分でも、その「土地の霊」に動かされていないはずはないのである。》(『魔法としての言葉』)

エリオットのいう伝統とは、キリスト教文明の謂だった。ウイルソンのいう神話収縮とは、近代意識の別称だ。だが自然とともに生きる民族は、彼らと違った世界を持っている。その歌謡は、地霊によびかけ、天に向ってよびかけるものだ。それによって、人間と動物が、人間と自然が、一体化する。それこそが、真の伝統のあるべき姿であり、近代人も意識と身体の奥深くに眠る、表層からは失われたコスモスを残しているはずなのだ。自然によびかける先住民の歌謡は、エリオットの詩や詩論よりも、ほんとうの伝統的な詩のありかたを指し示しているのだ。

5　現象する歌

言葉のない歌

フレドリック・ブラウンが描くアメリカ文芸批評界の大御所ルーパート・ガーディンはこのようにいう。

「わたしの詩？　わたしの書いたものは、水で、吹きとぶ砂で書いたものだ。ここの原住民の煙文字と同じようにはかないのさ」

ガーディンが語るカール・マーニーの詩もまた、研ぎ澄まされ純化されたあげく、煙文字のようにはかなく消える。彼の人生すべてを凝縮し閉じ込めたまま。

前章ではエリオットの思想をながめつつ、自然から切り離され虚構と化した「伝統」概念への疑念を表し、ロレンスとウイルソンをつうじて、アメリカ先住民の神話的世界、コスモスの思想に到着した。それは自然とともに生きる人人の、真の伝統と呼ぶにふさわしい世界観だった。

オホホホ　ヘヘヘ　ヘイヤ　ヘイヤ
オホホホ　ヘヘヘ　ヘイヤ　ヘイヤ
エオ　ラド　エオ　ラド　エオ　ラド　ナセ
ホワニ　ホウ　オウオウ　オーエ
エオ　ラド　エオ　ラド　エオ　ラド　ナセ
ホワニ　ホウ　オウオウ　オーエ
ホワニ　ホワニ　ホウ　ヘイエイエイエ　イエイエヤーヒ

アメリカ先住民ナバホ族には、こんな声だけの儀式歌がある。白人神父が「なぜ意味のない音だけの歌を歌うのか」と訊ねると、ナバホの男は「むしろコトバには意味がない。けれどもこの歌にはちゃんと意味がある。それは『さあ、もって行きな。欲しけりゃきみにあげるよ』と言ってるんだよ」と答えたという（金関寿夫『魔法としての言葉』）。ジェロム・ローゼンバーグはそうした詩をつくる人人を「魔法の詩人」と呼ぶ。その魔法こそ、人間と自然とを結びつける絆にほかならない。

動植物や人間の魂をふくんだ美しい秩序の保たれた統一体、動物的本能と社会意識の混交、生類の普遍的基層を志向する流動的知性、人間と宇宙の照応……それはまさしくコスモスの魔法だ。

二十世紀にもっとも原始的とよばれた南米最南端のフェゴ島先住民ヤーガン族も音声だけで歌う。

Ha ma la　ha ma la　ha ma la　ha ma la
O la la la　la la la la

《記録された音声を分析すると、これら一連の音声は言葉といえるものではなく、感情を表す声そのもので、単調な規則的な調子が繰り返されていて、女たちはたとえば次のような音声に合わせて踊るというのである。》（石原武『遠いうた』）

ma-las-ta xai-na-sa ma-las-ta xai-na-sa
hau-a la-mas ke-te-sa hau-a la-mas ke-ta-sa

やはりフェゴに住んでいたオナ族（すでに絶滅してしまったらしい）では、言葉を用いた歌は祈禱師に独占されており、それいがいの人人は音声だけの歌を歌う。《オナ族とヤーガン族には、あまり共通項はないのに、意味のない音声唄のありようにおいて共通しているのは面白い》と石原武はのべる。フエゴにかぎらず南米先住民は多くこうした言葉でない歌を歌うようだ。声そのものに意味がある。いや、声を発する身体に、生命のいとなみのうちにこそ、意味が籠められているのだ。

吉本隆明は、記紀歌謡をいくら研究したところで、《詩の発生は遠いむこうにあり、どんな手がかりも直接にはのこされていないし、まして、起源を考察するには、間接資料としてさえも、この最古の詩はほとんど役にたたないのである》とのべている（『言語にとって美とはなにか』）。記紀歌謡よりはるかに古い詩経を対象にしても問題は同じことだ。しかし吉本が孤軍奮闘した時代よりは、ずいぶん詩の起源を問うための準備は整いつつあると俺は思う。言語学・脳神経学・考古学・心理学・生物学・人類学等等、さまざまな知見を総合し、音楽と言語の起源を探る試みが現在なされているからだ。

音楽の起源をめぐる諸説

ダニエル・J・レビティンは、スティングのつぎのような発言を紹介している。

「最初の歌は、単に音で抽象的に楽しむようなものだったんだと思う。ほら、口を開けて『アアアア、オーーー、アアアア、イイイイ、アイ！』という具合に。そしてそれで遊べる感覚が身についたり、気管を開けて呼吸する感覚を発達させたら――大気に音を放つ感覚がついたら

——そこから歌が生まれる。でもそれは基本的には楽しいものなんだ。そういう音をたてて楽しいという。コンサートで歌うとき、母音だけで遊ぶと、何か音にシャーマン的な要素が出てくるのに気がついたんだ。魔術的——万物との神聖な結びつき感の雰囲気を作り出せる」

（『「歌」を語る』山形浩生訳）

詩の原初形態は、おそらく、こんな声をだす、音をつむぐという現象だったのだろう。石原武によれば、C・M・バウラもまた、原初の歌は言葉でなく声の調子そのものだったと推測している。人と自然を結びつける魔法の詩。スティングが環境保護に情熱をそそぐのも偶然ではない。歌うこと、声をだすこと、自然とともに生きること、万物と結びつくことは、人間の根源的欲求なのだ。真の詩は生命のひとつの現象としてあらわれる。

ルソーは言語のはじまりを精神的欲求、情念の表出とみる。言葉は声であり、歌であり、詩であり、音楽だった。《われわれはそれが詩人の言語であったのを見るのである。》《だからこそ最初の言語は、単純で、方法的である以前に歌うような情熱のこもったものだったのである。》《韻文と歌と言葉は共通の起源を持つのである。（略）最初の話し言葉は最初の歌だった。リズムの周期的で拍子のついた反覆、アクセントの旋律的な抑揚は、言語とともに詩と音楽を生み出した。》（『言語起源論』小林善彦訳）

ルソーの恐るべき洞察は、近年あらわれはじめた音楽と言語の起源研究を先取りしている。のち詳しくふれるスティーブン・ミズンはみずからの考えをルソーへの回帰とよぶ。ジャン・モリノも《近代以前では詩は詠唱されるものであったにもかかわらず、言語学者も音楽学者も詩にはまったく興味を示さない。その理由は、言語学者も音楽学者も、詠唱というものを、ハイブリッドという呼び名の通りに言語と音楽の混血種であるとみなしてしまっていることにある。ここで我々は、初期の音楽では、声が主に用いられていたはずだということを再認識する必要がある。そして詩というものを、音楽的でありながら言語的でもあったものの、始まりとはどのようなものであったかを考えるうえでの、重要な手がかりとして捉えるべきなのである》(「音楽の進化と言語の進化」山本聡訳、ニルス・L・ウォーリン+ビョルン・マーカー+スティーブン・ブラウン編著『音楽の起源〔上〕』所収)とのべている。これらの発想はまた、まえにふれた毛詩大序や礼記の語る詩と楽の起源と軌を一にしている。それは、詩がほんらいどのような現象だったかをあらためて思い起こさせるものだ。そのために、言語と音楽の起源をまず見定めること。

ルソーの衣鉢を継いだヘルダーも同名の論文を著し、人間の言語と動物とを繋ごうと試みる。書き出しでずばり、人間はすでに動物として言語をもっている、という。人間は言語を動物と共有しているのだ。言語は神からあたえられたものではない。むしろ、動物とのつながりこそが根源だ。神と人間より、人間と動物との関係が重視されなければならない。ここにはすでに、のちダーウィンが展開する進化論的思想がほのみえている。

とはいえ、ヘルダーは論の途上で前言を翻す。人間は動物と違って本能を欠落させており、そのすきまを埋めるため、言語が胚種され、芽ぶき、発達していったのだと考える。

言語の起源自体は、おそらく動物の声と連続している。しかしそれは、ある時期から変質し、人間固有のものとなり、ヒトと動物を分け隔てるものとなるのだろう。これこそがヘルダー『言語起源論』の核心だ。

ダーウィンも言語は求愛行動のための歌から発生したとのべているそうだ。毛詩大序から影響を受けた古今集仮名序の「花になくうくひすみつにすむかはつのこゑをきけはいきとしいけるものいつれかうたをよまさりける」ということば（引用は丸谷才一『文章読本』から）も、詩という現象が生類の普遍的基層に位置することを示す。詩は生きとし生けるものの命の発露なのだ。

前述『音楽の起源』では、人間の音楽を問うまえに、まず動物たちの声と歌に光をあてている。編者のひとりニルス・ウォーリンは音楽の起源の解明をめざす音楽生物学を提唱した。同書所収ピーター・マーラーの論文「音楽の起源と音声言語の起源」によると、動物の鳴き声は、かつてはただの情動の表現とされてきたが、観察研究の結果、ある種の生き物の呼び声のなかには象徴的指示機能が含まれていると考えられるようになったという。アフリカ熱帯雨林に生息するベルベットモンキーは、大蛇・鷲・豹といった捕食者の種類によって異なる逃避戦略をとる必要があるため、それぞれ違った警戒音を発することがわかった。以後、その他の動物でも、食物の質や量を機能指示的に伝えるものが発見されている。霊長類で歌うものは数少ないが、チンパンジーやテナガザルの発声は原音楽的とされている。動物たちの歌の中では、小鳥と鯨のものが最も人間の音楽に近く、学習能力を持ち、音の要素を組替えて作曲し歌うという。

《ヒトの音楽と動物の歌の関係は未だに明らかになっていない》と『音楽の起源』の編者たちはのべる（「進化音楽学とは何か」）。晩年の安部公房に影響をあたえた言語学者デレク・ビッカートンは同書で、これまで言語・音楽と動物とのつながりに否定的だったが、動物の声に似たさまざまな伝統音楽を聴くことで、すくなくとも音楽に関しては自らの考えに疑問を感じるようになった、と告白している（「音楽生物学が言語進化の研究から学ぶこと」）。ビッカートンが聴いた音楽がどのようなものだったかはわからないが、ウイリアム・ベンゾンは、人間は動物の鳴き声を真似ることで発声器官を自在に制御できるようになったというウォーリンらの説を支持し、そこから音楽と言語が生みだされたと推察する（『音楽する脳』）。人間はそもそも動物だというのは、申すまでもないあたりまえの事実だが、では人間の不自然に発達した脳から紡ぎだされる音楽や言語は、どこまで動物とのつながりを保持しているのか。そしてどこがちがうのか。岡ノ谷一夫は、鳥の歌と人間の言葉は、発声時の筋肉の働きぐあいや、大脳が非対称的に働くという共通点をもつが、鳥の歌には意味が欠如していると指摘する（『さえずり言語起源論』）。フィリップ・ボールは簡単明瞭に《大事なのは、鳥を含めた動物の「歌」は、多くは完全に自分の意志で歌っているとは言えないということだ。ただ、歌う季節が訪れたから本能に従って歌っているだけである》とのべる（『音楽の科学』夏目大訳）。

ベルベットモンキーの警戒音は対象物を指示する能力の、小鳥と鯨の歌は学習し作曲する能力のゆえに、研究者たちの興味を惹く。その能力は人間の言語・音楽につうずるものが認められる。だが鳥の歌に意味がないと、はたして断言できるだろうか。自分の意志で歌ってないと、どうして断言できるだろうか。白人神父がナバホ族の音声歌に意味がないと思い込んでいたように、ただ人間が自分たちの尺度で計っているだけかもしれない。また蛙や虫の鳴き声は、おそらく単なる本能と捉えられ、そこに言語・音楽的な意義は存在しないとして、研究対象から除外されているようだ。小泉文夫は音楽の根源を求めて蛙や鈴虫の声も調査したそうだが、リチネツキー『生物たちの超能力』という本を読むと、虫の音はもっぱら、彼らを駆除する目的で研究されていたかにみえる。しかしどのような生き物のどのような声も、かれらにとっては生命の発するかけがえのない音楽のはずだ。三章目でみてきた「ナーダブラフマー」や「天籟」といった思想に魅せられてしまうと、人間の「音楽の起源」だけを問う方法は物足らなく感じられてしまう。宇宙は音楽にあふれている。むしろ言葉には意味がない。声そのものに、生命のいとなみにこそ、意味が籠められているのだ。

川田順造によれば、西アフリカ内陸ブルキナファソのモシ族は、音をコエガ（意味のあるメッセージ）とブーレ（意味のない騒音）に分けるという。そこでは、動物や虫の鳴き声はブーレとされるが、犬が主人に人が来たことを知らせる声や、母ヤギが子供を呼ぶ声はコエガととらえられ、また民話のなかで鳥と蛙は人間にとって重要な伝達者とされ、その鳴き声はコエガに近いものと考えられるという（『サバンナの音の世界』）。動物の声に意味があるか否かについては、文化的社会的な価値観がからみついているわけだ。劇作家ロバート・アードレイは、鳥の歌は喜びの表出などでなく、なわばりの所有を告げるためのものだと主張し、動物の利己性をさかんに強調し、生命の共生をロマンチックな謬見と斥け、さんざん吹聴した（『アフリカ創世記』）。この見解は科学的事実というより、アードレイ個人の歪んだ世界観が反映されているのではないか。いや、もっといえば、生物は殺戮と闘争によって進化を遂げたとする新ダーウィン主義的（あるいは帝国主義的）イデオロギーの産物とみたほうがいいと思う。つけくわえるなら、西欧人に虫の音を鑑賞する習慣はないらしい。小泉八雲は日本で虫や蛙の歌声の美しさを知った。ロビン・ギルは、日本人が動物の声や自然の音を脳の左半球で処理するという角田忠信の説を批判的にとりあげ、《音に対する人間の感受性は、何よりもまず環境によって決定されるものではないか。西洋人が虫の集《すだ》きにあまり注意を払わないで来たとすれば、それはヨーロッパの大半の地方では小鳥の囀りの方がはるかに賑やかだったからなのだ》（『反日本人論』）とのべ、虫の音色に聴きほれるホイットマンとソローの、そして自然の音をこよなく愛するアメリカ先住民の文章を紹介している。西洋人は八雲とおなじく、アメリカで虫の声を発見（発聴というべきか）したのだ。生物の声をどう音楽的に分類するかは、文化的にも決定される。しかし生命現象として音楽を考えるばあい、生きとし生けるものすべての声（地籟）に耳を傾けるべきではないだろうか。動物の人間性でなく、人間の動物性こそが重要なのではないか。

こうした問題はあとでもういちど考えよう。

認知考古学者の冒険

音楽と言語の起源に関して、圧倒的に面白く魅力に富んだ説明をあたえているのが、認知考古学者スティーブン・ミズンの『歌うネアンデルタール』（熊谷淳子訳）だ。

ミズンは、なぜ人が音楽を好むのか、という素朴な疑問から書き起こしている。どんな時代のどんな社会にも音楽はあった。それなのに、言語や思考に関しての研究は進んでいるのに、音楽は無視されてきた。考古学者は（自身も含めて）、人類の祖先の知的能力をやっきになって調べるが、感情生活には目を向けない。音楽や感情の軽視が、言語の進化の解明の妨げになっているという。

ミズンは『音楽の起源』の先駆的業績に敬意を表しつつも、そこには各著者の意見がときに対立し、総合性のある説明がされておらず、欠陥を埋めるにいたっていないと批評する。そして鳥や鯨の歌が人間の音楽に驚くほどよく似た部分があることを認めながらも、進化の距離が隔たっているとし、とりあえず議論の外に置く。言語と音楽についての脳神経学最新の知識をかなりの紙数を割いて概観したのち、霊長類からはじめ、人類史を横断し、音楽と言語の起源を探し求める壮大な冒険の旅に出る。しばらくミズンの主張をながめよう。

まずベルベットモンキーの警戒音。これを言葉とみなすことはできるのか。ミズンは言語学者アリソン・レイの全体的原型言語説に注目する。レイは警戒音を単語のようなものではなく、完結したメッセージだと考える。《ヘビを見たときの舌打ちのような音は、「ヘビ」というベルベットモンキーの単語と考えるべきではなく、「ヘビに注意しろ」といったものととらえるべきだという。同様に、ワシの場合の咳音は、ワシという単語ではなく、「ワシに注意しろ」というようなメッセージと解釈すべきだ。あるいは、「空を見あげてどこかへ逃げろ」というメッセージかもしれない。レイは、警戒音は「全体的」だと指摘した。内部構造を持たず、ほかの音声と組み合わせて多要素のメッセージを作ることができないからだ。また、警戒音は「指示的」ではなく「操作的」ととらえるべきだという。これは重要なちがいである。警戒音は「機能上は指示的」だとしても、ベルベットモンキーは世界の物事について仲間に伝えようとしているのではない。ただ、仲間の行動を操作しようとしているだけだ。》

つまりベルベットモンキーにとって、ヘビやワシの存在を示すことが真に重要なのではない。危険が迫っているから逃げろと促すことこそが重要なのだ。その発せられる音には、ヘビやワシが対象物として指示されているのでなく、伝えるべき事柄全体の意味が籠められているというわけだ。

ゲラダヒヒの声は人間のおしゃべりそっくりに聞こえ、人間の発話や音楽と類似のリズムとメロディを持つ。《ゲラダヒヒがリズムやメロディを変化させるのは、発声のはじまりと終わりを示すためであり、他者があとにつづけられるように発声を分解するためであり、発声を向けた相手にそれとわからせるためであり、他者に最適なタイミングで発声に加わってもらうためである。》ベニガオザルの声による感情内容は人間に酷似している。サルもヒトも、赤ん坊にはっきり区別できる声でさまざまな感情を伝える必要があるからだという。これらのサルの声が会話に聞こえるなら、テナガザルの声はまちがいなく音楽に聞こえる。その歌も一連の音の要素から成り立っているが、個別の音や組合せに意味はなく、全体的なメッセージなのだという。

チンパンジー・ボノボ・ゴリラは言語を生みだすことはなかったが、声・身振り・手振り・視線・表情といった様式を同調させることで仲間との交流をはかる。こうしたことからミズンは霊長類のコミュニケーション体系の特徴を「全体的」「多様式的」「操作的」「音楽的」とする。

最初期の人類はこれらを結合させ、高度に発展させて相互交流を図っていたとミズンは考え、その体系を頭文字をとってＨｍｍｍｍと呼ぶ。《初期ホミニドの社会的な発声は、ゲラダヒヒが使うリズミカルでメロディックなおしゃべりを洗練させたようなもの》とミズンは推測する。Ｈｍｍｍｍは先住民族の音声だけの歌のようだが、これこそが日常会話だった。サルの毛づくろいのような形で言語は発生し、噂話の手段として進化したというロビン・ダンバーらの仮説（これは山崎正和が『世界文明史の試み』で上機嫌に援用している）を検証し、歌うことで喜びや満足の感情が誘発され、社会的な絆が深まったのではないかと想像する。

原人は二足歩行によって声帯が変化し、発音の幅が広がる。のみならず、動きのリズムにより、生得的な音楽能力も進化したという。マーク・チャンギージーは、音楽は人間の足音を模倣しながら発達したとの説を立てている（『〈脳と文明〉の暗号』）が、それだけとは思えない。《リズム維持の認知機構の選択によって二足歩行が進歩し、それによって新たな身体活動が可能になり、それを効果的におこなうためにリズム維持が必要になる。なかでも重要だったのは、移動の役割から開放された手の使用だろう。叩くことに使ったはずだ。叩いて骨から骨髄を取りだし、木の実から実をはずし、石塊から剝片を打ち欠いた》とミズンはいう。

全体的・多様式的・操作的・音楽的・ミメシス的

その後の人類は、脳が急激に成長する。石器技術が発達し、世界各地に移動し、拡散する。不慣れな土地に行くと、仲間に伝えなければならない新たな情報が増えるだろう。そこで全体的発話の精密化が必要とされる。Ｈｍｍｍｍに「ミメシス」（意図的ではあるが言語的ではない表象行為を意識的自発的に行なう能力）が加わったとミズンは考える。動物の声や動きを模倣し、広場では歌や踊りが行なわれ、パントマイムで物語を伝えた可能性もあるという。ミズンの音楽・言語起源論の骨子、音楽と言語の先駆体Ｈｍｍｍｍｍができあがる。それは言葉のない、声と身体をつかう歌だった。

ネアンデルタール人は現生人類より大きな脳の容量を持っていたという。そのため彼らはすでに言語を使用していたとする説も根強い。ミズンはそれにたいし、《ネアンデルタールは、全体的、多様式的、操作的、音楽的、ミメシス的な特徴を持つ精巧なコミュニケーション体系、「Ｈｍｍｍｍ」のために脳を使っていた》とのべる。《このコミュニケーションのおかげで、劇的な環境変化がつづく氷河期のヨーロッパで二五万年ものあいだ生き抜くことができ、前例のない高水準まで文化を育てることができた。彼らは「歌うネアンデルタール」であり――ことばのない歌だが――豊かな感情の持ち主だった。幸せなネアンデルタール、悲しいネアンデルタール、怒りのネアンデルタール、嫌悪感を抱くネアンデルタール、嫉妬するネアンデルタール、罪悪感にさいなまれるネアンデルタール、悲嘆に暮れるネアンデルタール、恋するネアンデルタール。》

解剖学的にみて、ネアンデルタール人は、すでに現代人に相当する発音能力があったことをミズンは認めている。聴覚も発達していた。にもかかわらず、ネアンデルタール人が豊富な感情を持ちながらも言語を使用しなかったとする根拠に、ミズンは彼らが小さく親密な共同体で生活していたことをあげる。そこでは高次のＨｍｍｍｍに替わる発話の必要性がなかった。つぎに象徴的人工物の欠如がある。該当する遺物がいまのところ発見されていないという。言語を持たなかったから、彼らは象徴的思考も持たなかった。彼らの歌や踊りは、あくまで実用的な目的で行なわれ、そこに呪術や信仰は伴っていなかったということになる。そして最後に、彼らは言語を持たなかったから、二十万年ものあいだ変化のない固定した文化を保ちつづけていたのだとする。これこそが真の伝統社会だろう。その社会は彼らの歌声に満ちていた。

やがてネアンデルタールは滅び、現生人類において、Ｈｍｍｍｍは分節化され、構成言語へと変わってゆく。音楽はその残骸だとミズンはいう。Ｈｍｍｍｍは言語と音楽に枝わかれした。でもその名残りは人間の情報伝達・感情表現のあちらこちらに見てとれる。人はなぜ音楽を好むのか。

それはサルがヒトになり、人間になる数百万年のあいだ歌いつづけた太古の記憶がたっぷり染みこんでいるからだ……

と、ここまで『歌うネアンデルタール』の豊富な内容をだいぶ大雑把に端折りながらみてきた。詩という現象の萌芽、音声歌の原型についての一つの大胆な仮説が提出された。ミズンの発想は、言語の専門家からすれば、あるいはお話にならない異端中の異端になるのかもしれないが、ソシュールやチョムスキーといった斯界の権威に挑戦しようという野心に満ち溢れている。

あらゆる芸術が音楽の状態に憧れるとするなら、それは宇宙の運行に則っている、という以上に、人間の内部にある鼓動・拍子・音律にしたがっているからだ。生命と宇宙の働きが合致する。梵我一如。エミール・シュタイガーが《抒情詩において、言葉の音楽は最高の意義を獲得する》《言葉となって彼から放たれて出てきたものが、同一の情調をふたたび創り出し、抒情的天籟の瞬間への回帰を可能にするのである》（『詩学の根本概念』高橋英夫訳）とのべるように、至上の詩は音楽の遍在する宇宙へ溶けこんでゆく。言葉は調べになる。天体の音楽を模倣する人工宇宙としての詩。C・D・ルイスが《押韻、協音、頭韻、音節的拍子――これらすべてに通ずる一つの共通因子がありま す。それは反復ということ、つまり規則的あるいは不規則的な合間をおいていくつかの音がくりかえされるということ》《これが音節のたえざる拍子づけとあいまって、結局、一ぺんの詩の音楽的地模様というものを作りあげるのです。これは野蛮人がジャングルのなかで宗教の儀式や舞踏の伴奏としてならすトン・トン拍子と関係があります。この反復は過去へさかのぼれば魔法の呪文の発生と関係があります》(『詩をよむ若き人々のために』深瀬基寛訳)とのべるように、詩の技法は、宇宙の規則であり、また人類の太古の記憶でもあるのだ。テレンス・W・ディーコンは韻律を言葉とおなじように社会的通信手段として発達してきたと考え、霊長類や初期人類の叫び声に由来すると推察している(『ヒトはいかにして人となったか』)。真の詩は生命の現象としてあらわれる。韻律はもはや作品としてはとらえきれない生きとし生けるものそれ自体の営みだ。ミズンの発想は、音楽と言語をサルとの連続性でとらえ、生類の普遍的基層に置くものとして特筆すべきだろう。

言語の起源をめぐる諸説

ここからは他の論者にも登場してもらい、言語の起源について考えてみよう。デレク・ビッカートンは、動物の叫び声や身振りは全体的、人間の言語は構成的と捉え、ネアンデルタール人はすでに文法のない語彙だけの原型言語を持っていたとし、アリソン・レイと対立する。ビッカートンは言語の起源を表示(固定した知識体系)とみなす。《言語とはまず第一に表示体系の一種であるから、その先駆けとなるのは、コミュニケーションの原始的な形態にではなく、初期のより単純な種が自分の棲む世界を自らに表示する際に用いた手段に、むしろ見出されるべきである》(『ことばの進化論』筧壽雄監訳)とのべ、高度に発達した霊長類の知識体系の幅が広がったころには、対象物を指示する名詞の原型概念はもうできあがっていたとする。それらを組合せ、やがて言語が構成されるのだ。

ビッカートンの著作は精密かつ難解なので、俺流にごくごく単純化して考えよう。彼は生物全般の表示（第一次表示体系）を「外界における存在物ないし出来事であるxに対し、ニューロンの活動の特定のパターンであるyという形で反応する、あるいは反応しようとする永続的な傾向を持つこと」とする。ユクスキュルは動物の環世界（生物体によって固有に意味づけられた世界）を、媒質（生活の場となる物質）・敵・獲物・性のパートナーに分かれるとする（『生命の劇場』）。だからそれ以外の存在は認識する必要なくはじかれる。だが生物が進化すれば、神経回路の発達にともない、環世界も拡大する。関係すべき事物が増殖し、固定した知識体系も変容するだろう。表示機能が拡大する。ベルベットモンキーが、蛇・鷲・豹など、敵の種類に応じて違った逃避戦略をとらねばならないとすれば、おのおのの敵にたいして差異の概念を持っているはずだ。《われわれは、何かに名をつける前に、そのものについて何かの概念をもっている必要がある》とロビンズ・バーリングはいう（『言葉を使うサル』松浦俊輔訳）。そう考えるなら、脳神経のより発達した初期人類が環世界の個別の事物を指示する音（語彙）を持っていたとしても何ら不思議ではない。こうして第二次表示体系がつくられる。

世間でしばしば誤解されるように、青い海をみた原始人の〈う〉という現実反射の叫びが、すぐさま名詞〈海《う》〉になるのではない。そこには蓮實重彥が指摘したように、さまざまな海ならざるものとの差異の概念が必要になるだろう。でも吉本隆明は言語表出の発達段階をきちんとつぎのように描きだしている。

《(1)無言語原始人の音声段階で、音声は現実界から特定の対象を意識することができず、ばくぜんと反射的に労働、危機、快感、恐怖、呼応などの叫び声を発するものとする。》《(2)音声がしだいに意識の自己表出として発せられるようになり、それとともに現実界におこる特定の対象にたいして働きかけをその場で指示するとともに、指示されたものの象徴としての機能をもつようになる》《(3)音声はついに眼のまえに対象をみていなくても、意識として自発的に指示表出ができるようになる段階である。たとえば、狩猟人が獲物をみつけたとき発する有節音声が、音声体験としてつみかさねられ、ついに獲物を眼のまえにみていないときでも、特定の有節音声が自発的に表出され、それにともなって獲物の概念がおもいうかべられる段階である。》『言語にとって美とはなにか』

(1)(2)(3)のあいだには、〈う〉が〈海《う》〉になるには、おそらく数百数千年、もしかすると数万年の歳月が流れていることだろう。その間に社会が拡がり、脳神経が発達し、自己と他者への意識が進化する。音声体験がつみかさねられ、言語ができあがる。ビッカートンの議論をみると、言語は社会交流・伝達のために発生したのではなく、つまり他者への働きかけ(操作的)ではなく、世界認識のひとつの方法(指示的)だった、ということになりそうだが、そのじつ《言語は伝達の手段としてのみ生じえたと主張》し、これは矛盾しないと語る。《第二次表示体系は、第一次表示体系が発達し、それによって広範囲な範疇に分析できるようになっている生物であれば、どれにでも潜在的に存在している》という。だが表示が言語になるためには、まず音声化して外界に放出されなければならない。それには相手（受語主体）が必要だ。これはテレンス・ディーコンが、通信を促す初発の契機として、動物界における性行動の儀式化をあげていることにも繋がる。集団生活を営む生き物ならなおさら伝達のための信号が重要になる。

集団生活における社会的交流に焦点を当てているのが、ロビン・ダンバー『ことばの起源』だ。サルの毛づくろいは、たがいに生理的な快感をあたえあい、個体間の平和共存をもたらし、群れを結束させる絆の役割を果たす。霊長類のみならず、多くの動物は、社会の規模が大きくなるにつれ、脳も大きくなるという。人間の群れが巨大化し、脳が巨大化したとき、毛づくろいに替わって結束の強化をうながすものが言語なのだ。ダンバーはまた、言語はそもそも超自然的存在や種族の起源といった壮大な物語を伝えるためのものではなく、もっと卑近な、噂話をさせるために進化したと提唱する。《言語を利用すれば他人に関する情報を交換できるため、他人がどのように行動するか解明するという、労力を要する過程をはしょることができる。猿や類人猿では、直接の観察によって、これをすべて行なう必要がある。》《言語は、様々な観点から、安上がりできわめて効果的な毛づくろいとして理想的であるらしい。》（松浦俊輔・服部清美訳）

マイケル・コーバリスは言語のジェスチャー起源論を展開する。《コミュニケーションでは自分の行為と他者の行為を対応づけることが必要だ》という（『言葉は身振りから進化した』大久保街亜訳）。猿の脳にもそのような行動への対応づけの機能が発見されている。そこで働く神経細胞（ミラー細胞）が、人間では言語をつかさどる領域とされる前頭皮質で記録されたことから、ミラー細胞が言語の先駆けだったとコーバリスは推論する。《手、腕、顔の動き、そして顔の中の口、唇、舌などの、あらゆる体の動きを含んだジェスチャーが言語の基礎となると考える。この幅広いジェスチャーのレパートリーに、声を付け加えることはそれほど大きな変化ではなかっただろう。声は最初ただのうめき声だった。やがて、口の穴の中で行われるジェスチャーは眼ではなくむしろ耳に届くものになり、流暢に発音されるようになった。この変化には連続性があると考えてよい。》

ロビンズ・バーリングやロビン・ダンバーは身振り起源論に否定的だが（しかしながらコーバリスはダンバーの毛づくろい説をジェスチャー理論の簡易版と評している）、スティーブン・ミズンのＨｍｍｍｍはこれを巧みに織り込んでいる。

語源語・音素・音共感

対象物の指示が先か、社会交流における情報伝達が先かは、卵とニワトリみたいなもんかもしれないが、ともかくも語彙が形成されてゆく。言葉と物との関係について、吉本隆明は、カッシーラーの擬態的・類推的・象徴的という、言語が現実から離れてゆく過程の三段階を紹介している。さいしょは音声が対象にからみついている状態で、幼児が擬音によって猫をオニーと名づけ、蛙が泳ぐさまをニゴニゴと形容するにひとしい段階だという。つぎに音声と事象のあいだに類推がなりたつ状態があらわれる。母音ア・オ・ウが遠方を、エ・イが近場をあらわすような段階。やがて自然民族が抽象的な前置詞のかわりに具体的な身体部分を空間表現として用いるような比喩の段階がくる。

スティーブン・ミズンもほとんど同じことを書いている。自然と密着した生活を送る民族は、生物の命名に擬音を多用するという。そしてイェスペルセンの音共感という概念を紹介する。「イ」の音は小さいもの、「ウ・オ・ア」の音は大きいものと結びつきやすいという。〈う〉が〈海〉をあらわすのは、このような類推的音共感に基づく。ミズンはさらに、音は生物の特性とも密着しているという民族生物学者ブレント・バーリンの調査を紹介し、音と名前とのつながりは恣意的だとする言語学への反論になるとのべる。しかしこの問題はスティーブン・ピンカーが『思考する言語(中)』で《こうした「音象徴」はこれまで何十回も発見され、発見者はそのたびに、「音声と意味の関係は恣意的である」としたフェルディナン・ド・ソシュールの説の反証が得られたと主張してきた》(幾島幸子・桜内篤子訳)と嫌味ったらしく書いているとおりで、それほど重要ではない。ヤコブソンも《共感覚の神経心理学的法則によって、音の対立は、音楽的、色彩的、嗅覚的、触覚的感覚、などとの関連を喚起することができる。たとえば、鋭い音素と鈍い音素の対立は、明と暗、とがりとまるみ、細さと太さ、軽さと重さ、などのイメージを暗示することができる》(『音と意味についての六章』花輪光訳)と、つとに指摘している。ひとついえるのは、加藤典洋がかつて『テクストから遠く離れて』の冒頭で寓話的に描いてみせたように、吉本の言語論がソシュールの記号学によって乗り越えられ、淘汰されたわけでは決してないということだ。

が、それよりなにより大事なのは、言語と自然はみっせつな関係があるということではないだろうか。マーク・チャンギージーは、言語は「ぶつかる」「すべる」「鳴る」といった自然の音を模倣しながら修正を重ね、脳にあわせた最適のかたちに進化したと説く。テレンス・ディーコンは、ヒトの生得的な叫び声の種類は、他の霊長類にくらべてはるかに少ないという。それゆえ、擬音や音共感といった自然の模倣によって、初期人類は音声を豊かにしていったのかもしれない。自然とともに生きる人人にとって、言葉と物はかたく結びついているのだ。文化が発達するにつれ、人間が自然から離れるにしたがって、音声と概念の内的関連は失われてゆくのではないか。

現生人類の起源は、現時点での発掘によれば、二十万年ほど前のアフリカまでさかのぼれるようだ。そうすると、現在つかわれる言葉はいつごろ誕生したのだろうか。世界の言語に共通した先祖の存在を認める、世界祖語という考えがある。これについては意見がわかれるところで、リチャード・ラジリーによれば、複数の語族を大きな集団に併合していけると考える学者のなかには、先史時代にさかのぼって基になった祖語を復元できるとの主張もあるという。ジョセフ・グリーンバーグは世界中の言語は十七の主要グループにわけられるとしたが、メリット・ルーレンはその十七の語族のあいだでさえも、男・女・子供・穴・陰門・指・水という基本的な語（語源語）には対応関係がみられるとする。つまり、まったく違った地域の異なる言語体系のなかで、同じような音の単語が用いられているというのだ。《遠く離れた地域の言語グループ間にこのような類似が存在するのは驚くべきことであり、単なる偶然と片づけるのはむずかしい》とラジリーはのべる（『石器時代文明の驚異』安原和見訳）。

近年、進化心理学者クエンティン・アトキンソンは、音素を研究することで、言葉の使用は十万年前にはじまり、世界の言語は五万〜七万年前にアフリカ初期人類の言葉から枝分かれした可能性があるとの説を発表した。アフリカの言語は最も音素が多いという。人口の大きな集団から一部がはなれると、そこでは遺伝的な多様性や複雑性が緩やかに消失するという集団遺伝学の「創始者効果」理論が言語にも当てはまるそうで、世界中に散らばったさまざまな言語は故郷を遠く離れるにしたがい音素を減らしてゆくらしい。たとえばアリス・ロバーツによると、ブッシュマンが使う吸着（舌打ち）音は、アフリカ南部とタンザニアにしか存在せず、人類がアフリカを離れる以前の、最も古い音素のひとつと考えられている。ブッシュマンは最古の人類の系統に位置するという。吸着音は、近場で聞きとりやすく、遠くまで響かないという特性があるらしく、狩猟時に獲物に気づかれずに情報伝達できるのではないかとロバーツは推察している（『人類二〇万年　遥かなる旅路』）。マイケル・コーバリスによれば霊長類にもっともよくみられる非言語的音声は唇や舌を鳴らす音だという。吸着音はそれを模倣した、あるいは猿からちょくせつ受け継がれた音のひとつだったのかもしれない。橋本進吉の上代特殊仮名遣い研究が示すとおり、古代の日本人はいまよりもっと多くの音素を持っていた。それらはしだいに淘汰され、単純化してゆく。これは訓読の特殊性とかなんとかよか、よっぽど重要な論点だと俺は思う（橋本の弟子の大野晋は、最古の日本語はもっと音が少なかったという説を唱えているけれど、これはどうなんだろう?）。語源語・音素・音共感などの研究がまとまって進めば、言語の起源が、そして言葉と自然の関係が、もっと明るみにだせるのではないか。

動物との連続性が断ち切られる

文法とは複雑で、あらかじめ脳に組み込まれているのでなければ習得できるものではない、というチョムスキーいらいの「常識」が言語学を支配している。スティーブン・ピンカーはそこから、言語を自然淘汰によって選択された本能だと唱えた（『言語を生みだす本能』）。ディーコンは学習と行動変容によって言語と脳は共進化を遂げたとし、それこそが普遍文法出現の源泉だと主張する。ビッカートンは文法を遺伝子の突然変異によって誕生したと推測する（のちに考えを改めたようだが）。岡ノ谷一夫は、十姉妹が音の要素を学習し組替えて歌うことから、文法と意味はそれぞれ独立して進化しうると考え、《個々の単語がはじめから意味をもってしまうと、自由な組み合わせが作れない》と記す（『さえずり言語起源論』）。

けれども、スティーブン・ミズンがビッカートンを批判するのは、語彙さえ持ってしまえば組合せしだいで文法は短期間に容易に作りだせるとした、言語学者サイモン・カービーの「常識」をつがえす実験に基づく（ただしミズンの記述だけ読んでも具体的にどんな実験だったのは判然としない）。二百万年ものあいだ、文法のない語彙だけの言語がつづいたとは考えられないとミズンはいう。ゆえに構成言語ではない、Ｈｍｍｍｍが用いられたとするのだ。

アリソン・レイは、語彙は全体的原型言語の中から偶然に取りだされたものと考えているようだが、ミズンはそれをふまえて、ビッカートンとは逆に、遺伝子変異でＨｍｍｍｍから分節音を検出する能力が備わった可能性を示唆する。文法ではなく語彙のほうが突然変異で誕生したというわけだ。

こうした問題は素人の俺に判断できることではない。なんでもかんでも突然変異と自然淘汰で説明するのはダーウィン進化論を信用してない俺にとって疑問が残るが、ミズンは、ビッカートンらを《全体原型言語は、明らかに類人猿との進化的連続性があるため、現代の言語の先駆体ではありえないというものだ。これは、霊長類のコールとヒトの言語には連続性がないという彼らの信念に基づいている》と批判する。これもまた言語学の「常識」なのだろう。Ｅ・Ｈ・レネバーグは《動物のコミュニケーションは不連続な歴史をたどってきたのであり、コミュニケーション体系に論理的な共通性が見られるからといって、一つの共通の生物学的な起源に由来するものであることが示唆されているとは限らない》（『言語の生物学的基礎』佐藤方哉・神尾昭雄訳）として、言語の動物からの連続性を批判する。人間は動物と切り離された存在だという思想がそれらの根底にある（まえにもふれたように音楽に関してビッカートンは自説をいくらか修正しつつあるらしくみえるが）。

言語の起源をみると、ミズンの考えるとおり霊長類の発声から展開されたものと思われる。でもあるときから、ヘルダーものべるように、その連続性が断ち切られたのではないか。ヒトが人になったとき、丸山圭三郎の言葉でいえば、〈身分け構造〉から〈言分け構造〉へ変化し、生物的本能が破壊されたのではないだろうか。詩の起源も、そこから考えたほうがよいかもしれない。

考古学者は、だいたい四万〜五万年前、旧石器時代後期にさしかかってから、現生人類の文化に爆発的開花（文化のビッグバン）とよぶべき現象が生じたと唱える。この時代の遺跡から、はじめて宗教や芸術の原初形態を示す象徴的な品品が発見されるのだ。

文化の爆発的開花は、言語の発達によってもたらされたと考えられる。ミズンは『歌うネアンデルタール』に先立つ著作『心の先史時代』で、初期人類は、狩猟や身を守るための博物的知能、伝達交流のための社会的知能、石器のような人工物を制作する技術的知能、そして言語知能を持っていたとする（この時期のミズンはまだ、初期人類があるていど社会情報を扱う言語を持っていたと考えている）。だが、おのおのの知能は別個ばらばらに機能し、統合されることはない。現生人類に至り、それらの知性が流動し、融けあい、まじりあい、一般的知性が誕生する。そうした心の働きをミズンは認知的流動性（中沢新一のいう流動的知性）とよび、社会的言語から、行動領域にかかわりのない非社会的余談的な汎用言語が発達したことによる意識の変化をその起源と考える。『歌うネアンデルタール』では、Ｈｍｍｍｍｍが分節化され、構成言語に変化したことから認知的流動性が生まれたとする。

詩的象徴の起源

ベルベットモンキーは、大蛇じたいの存在を確認はできても、その痕跡まで識別することはできないという。近くに大蛇の這った痕があっても、それをみて存在を予測することは不可能なのだ。ミズンによれば、初期人類の博物的知性は、動物の足跡などの表象を解釈し、その動物の存在や種類や状態を想像することができた。そうした自然の解釈が、意図的な伝達という社会的知能、想像をもとに物体を制作する技術的知能と融合され、伝達の手段として象徴的な意味をともなう人工物を造形してゆく。それが芸術の始原だ。さらに動物について考える博物的知能と、人間について考える社会的知能が流動し、動物を人間と、人間を動物と捉える神話的思考が芽生える。柄谷行人の発想とは逆に、人間と動物の関係は、「我‐それ」から「我‐汝」に切り替わる。宗教が誕生するのだ。人物や動物をかたどった、あるいは人間と動物が一体化した像が造られはじめる。三万年前の、スフィンクスの原型のような、獅子と人間が合体した像がドイツで発掘されている。動物が聖なるものと認識されるのだ。

V・N・トポロフは、審美的・記号的な標づけを与えられた原始要素を「詩的象徴」とよぶ（イワノフ＋トポロフ『宇宙樹・神話・歴史記述』）。そうした詩的象徴の起源としては、具象物より抽象物のほうがさきに存在していたかもしれない。アンドレ・ルロワ＝グーランは、当時発見されていた最古の表現、三万五千年前の、骨や石に刻まれた線や筋を、オーストラリア先住民が神話的な抽象模様を刻んだチューリンガとよばれる聖なる石と比較する。それは呪術師が儀礼のさい、朗誦のリズムにしたがって指先で形をなぞってゆくものだという。言葉と図示の律動が合致する。原始人たちも、そのような呪術のために、抽象模様を刻んだのかもしれない。《いまやまったく確かだと思われる一点は、図示表現が現実を素朴に再現するのではなく、抽象することから始まったということである》《象形芸術はそもそもが言語活動に直接結びついており、芸術作品というよりは、最も広い意味での書字にずっと近かったとするのが自然であろう》とルロワ＝グーランはのべる（『身ぶりと言葉』荒木亨訳）。彼は、もはやうしなわれ永久に知ることの叶わない先史時代の音楽や舞踊や詩の水準を、遺された絵画や彫刻に劣らなかったと想定する。ルロワ＝グーランは太古の抽象表現に詩の痕跡をみていたのかもしれない。象徴機能と歌が流動し、溶けあったとき、詩が生みだされるのではないか。現在では、七万年以上前のものとされる、規則的な線が刻まれた粘土石がアフリカで発見されている。ネアンデルタール人の遺跡からも、線や溝の刻まれた骨がごくわずかながら発見されているが、これらが象徴的表現かについては否定的見解が多く、クライブ・ギャンブルは、古代人が他の石器を真似て石の剝離技術を学んだ模倣の結果の末にできたものにすぎないとする（ストリンガー＋ギャンブル『ネアンデルタール人とは誰か』）。リチャード・ラジリーのように《美的感覚をはじめ、現生人類のもつ非実際的な多くの特質は、中期旧石器時代はおろか前期旧石器時代までその起源をたどれるように思われる》（『石器時代文明の驚異』）とし、ビッグバン説は根底から揺らいでいると主張する人もいるが、いまのところ少数派のようだ。スペインの洞窟壁画がネアンデルタール人によって描かれた可能性があるとの報告が近年だされているが、たしかなことはわかっていない。

抽象図形に関して、中沢新一は、アマゾン原住民が幻覚剤を用いたときにあらわれる元型的な模様を紹介し、こう語る。《古代人は脳の内部から発光するこの光のイメージのことを、よく知っていたようです。トゥカノ族をはじめとするアマゾン河流域のインディアンたちが、幻覚性植物を服用することで体験し、家の壁やさまざまな装飾品の上に描いたのとまったく同じ図形を、考古学者たちは早くも旧石器時代の遺跡から発見してきました。そればかりではありません。このパターンは世界中に見出すことができるのです。》《これは人間が自分の脳の内部から出現してくる光のイメージを、幾何学的なパターンとして表現したものなのです。》（カイエ・ソバージュⅣ『神の発明』）

この現象に注目し詳述しているのが旧石器時代芸術研究の第一人者デビッド・ルイス＝ウイリアムズ『洞窟のなかの心』（港千尋訳）だ。ルイス＝ウイリアムズは、意識変容による幻視の軌道段階をこんなふうに説明する。暗闇の中で長時間外部からの刺戟を遮断されたとき、人間は、はじめに《点、網目、ジグザグ、入れ子状の懸垂曲線《カテナリー》、蛇行する線などをふくむ幾何学的な視覚現象を経験する》という。これを内在光学現象とよぶ。それは大脳皮質内のパターンを視覚的な現象として感知することだ。このような状態のとき、人は自分の脳の構造を見ているのだという（木々高太郎の「網膜脈視症」という探偵小説は、精神分析を採り込んだ作品として知られているけれども、それだけでなく自分の脳内が見える人間の物語でもあるのだ)。つぎの段階では《被験者は内在光学現象を図像的なかたちとして——つまり、日常生活で見慣れたモノとして——練り上げることで、そこに意味を生み出そうとする。》そしてさらなる段階に入ると、《イメージに際立った変化があらわれる。このとき多くの人々が、自分のまわりをとりかこみ、深みへと引きずり込むようにみえる旋回する渦や回転するトンネルを経験する。》そのときのイメージは記憶に由来し、強力な感情体験に結びつく。

ルイス=ウイリアムズはこのような幻視体験を巫術の源と推察する。それによって旧石器時代の洞窟壁画を読み解き、すでに顧みられなくなっていたルロワ=グーランの記号学的解釈を乗り越えようと試みる。脳神経回路が発達し、高次意識を持った現生人類は、ネアンデルタール人と違い、夢や幻覚を記憶にとどめておくことができた。洞窟の暗闇の中で体験した意識変容状態を、イメージとして描きだせるようになるのだ。ルイス=ウイリアムズは洞窟芸術発展の三つの道筋をこう説明する。《第一の道筋は、人々がそれを経験している間にかたちにとどめた心的イメージから構成される。》《第二の道筋は、心的イメージを思い出して、かたちにするものである。つまり、その経験から戻った後に、人々は、ヴィジョンが浮かんだ表面を注意深く調べることにより、自身のヴィジョンを再構成した。彼らは壁面や天井を近くで見るだけではない。彼らはそこにみられる曲線や突起をも感じていたのである。》《第三の道筋は、最初の二つの道筋のイメージを熟視することであり、その結果、意識変容状態を経験したことのない者がそれを複写することができるようになることである。》そのようにして、抽象模様は具体的写実的な動物たちの描写になっていったのではないだろうか。

ルイス＝ウイリアムズは偶像物のような三次元の造形もおなじ神経機能の過程が働いたとみる。そして洞窟内では、音の反響がよい場所のほうがより多くのイメージが残されているという。そこで人人は、幻聴を体験し、鍾乳石を叩き、楽器を鳴らし、歌い踊り、精霊動物と接触したと想像される。ここに礼楽の起源がみてとれるのだ。

木村重信は洞窟壁画の呪術的性格について、装飾効果を無視して動物が重ね描きされていること、食糧としていた動物ばかりが描かれ山川草木などの自然現象がみられないこと、身重の雌のような肉づきのいい成熟した姿が描出されていること、雌雄一対の動物があらわされていること、殺害を意味する矢や槍を身に受けた姿が多いこと、等等をあげている（『はじめにイメージありき』）。しかし呪術がさきにあったのではない、と木村はのべる。《むしろ逆に呪術こそイメージからうまれた》《イメージないしイメージの記号は、呪術を行うための手段ではなく、それ自体が呪術の原型であった》という木村の見解は、ルイス＝ウイリアムズの発想を先駆けているとも思える。脳内発火が元型的図像として記憶され、表示される。抽象図形は詩的象徴となって、意味があたえられ、外界の事物と結びつく。概念化された動物たちが詩的象徴として描かれる。狩猟の豊饒を祈願する儀礼がはじまる。そこで人間は動物となり、動物は人間となる。そのとき音声歌は詩的象徴と結びつき、言語化された呪文になっていたかもしれない。審美的・記号的な標づけをあたえられた音声は詩に生まれかわるのだ。

唯言論の不毛

言語ははじめ、ヘルダーが洞察したように、動物本能的通信機能から生じ、じょじょに発達していったのだろう。でも、そこから何かが変質する。文化のビッグバンという現象がもしありうるとしたら、脳と言語の共進化が自然の手に負えないくらい発展してしまったということではないか。本能は肥大化した脳にのみこまれ、意識に掻き消される。四万年以上前オーストラリア・ニューギニアに生息していた大型生物は、後期旧石器時代の現生人類により殺戮され、絶滅したとジャレド・ダイアモンドが指摘するように（『銃・病原菌・鉄』）、人間はその知能を最大限に利用して動物を必要以上に捕獲し、みずからの住む環境を改変し、自然を破壊しはじめる。脳と言語が共進化したとすれば、自然と本能は共破壊を遂げたというべきかもしれない。動物と人間との関係も、一方的な殺戮によって「我–それ」に切り換えられたのではないか。

こうした発想は丸山圭三郎をいくらか真似ているけれど（ちょっとロバート・アードレイにも似てきたが）、丸山は北沢方邦・山本哲士との鼎談でこんな発言をしている。《エコロジーを、私は決して全面的に批判してるんじゃなくて、それどころかやらなきゃいけないと思うんですね。（略）ただその時に、もう一つの往復運動理論もきちんと押さえておかないと、方法を誤るんじゃないかということなんです。下手をすると、意地悪い言い方ですが、存在もしなかった「ユートピア」へのノスタルジーになっちゃったり、「原発のかわりに水車を」という安易な「水土論」になったら大変。》（「記号論批判」、北沢編『近代知の反転』所収）

何が大変なのか、俺にはさっぱりわからない。丸山は『文化のフェティシズム』でもどうようの原発批判を「極端なケース」と書いているけれど、ではどのようなエコロジー運動が正しいのか、その〈処方箋なき診断〉はなにも示してはいない。さきの座談で丸山は《ドクサとの戦いは、これに永続的なゆさぶりをかけ、その「裏をかく」こと、これを「畸形化」してしまうこと以外にない》と、ロラン・バルトの方法を語っているが、いまとなっては、そうした「現代思想」的戦略の限界しかみえてこない。丸山は《ピグミーとかブッシュマンの方が、私たちよりは本能残基は持っている。しかしこれも本能残基に過ぎません。彼らだって本能は壊れています》と語るが、彼ははたして自然とともに生きる先住民族に《文化によって文化を乗り超えるほかはない》と訴えるのだろうか。丸山とは正反対の言語本能説を唱えるスティーブン・ピンカーは、動物のさまざまな能力を列挙することで人間の知性を相対化しているが、導きだされるのは最初に光合成をおこなった微生物による大気汚染にくらべれば人間の行為など小さなことだ、という環境破壊の正当化でしかない（『言語を生みだす本能』）。こうしたあからさまな現状容認論を、丸山が生きていたらどう反駁しただろうか。微生物たちはとほうもなく長い年月をかけ進化し共生することで環境破壊による生存の危機に対処した。けれども人間がもたらした自然破壊は人間が解決するべきで、危険な原発を廃止して水車に戻ることに、なんの問題があるだろう。人間行動のすべてを文化とみなすのも、すべてを本能とみなすのも、不毛で有害な極論でしかない。

動物のことば　植物のことば

《知能の概念にはもちろん、経験からの学習、判断力、抽象概念の組み立て、などの要素も入る。だが、それでも人間の方が他のどの動物より知能が高いと証明した事例を、わたしは認めることができない。われわれ人間は、文章を書いたり、コンピュータのプログラムを組んだり、卵をゆでたりできる。これが知能が高い証明になるだろうか。渡りをするチドリや大移動で知られるチョウのオオカバマダラは、地球の磁場を読みとって何千キロも航行できる。ウナギはエンジニアさながら電気を熟知して使いこなしている。これらの例はすべて、それぞれの種に固有の特性だと言えるだろう。（略）衣服をまとわず、セントラル・ヒーティングを使わず、原子爆弾がないからといって、知能が低いということになるだろうか》と、音楽による異生物種間交流を志すジム・ノルマンは記す（『イルカの夢時間』吉村則子・西田美緒子訳）。

ノルマンはピンカーのように、人間の行為を正当化するために動物の能力を利用したりしない。動物の本能（知性）は、地球のことば（音楽）を、たくみに聴きとり、交流できる。ピーター・トムプキンズ＋クリストファー・バード『植物の神秘生活』によれば、植物も音楽を感知する能力があるらしく、音楽を聴かせることで作物の収穫をあげた農家も多いようだ。逆に神津善行は植物の発信電波を音に変換して楽曲した。植物の声を聴いたのだ（『植物と話がしたい』）。

動物には人間とはまったく違った交流様式が多数存在する。蜜蜂の舞踊。蛍の光の点滅。ある種の魚は体の色合いを変えることで通信する。蟻や蜂の巣は、構造物による造形情報伝達とよばれる信号と捉えられているそうだ。また化学物質（嗅覚をふくむ）・聴覚・表面波・接触・視覚・電気といった感覚通信路が知られている（エドワード・O・ウイルソン『社会生物学』第二巻）。

また動物は気温・気圧・音波・電流・磁力を読み取り、天候や地震や噴火を察知する。植物も大気・土壌・太陽光の変化に敏感だという（リチネッキー『生物たちの超能力』）。

これらの能力こそ動物の言語と考えるべきだろう（瀬尾育生のいう純粋言語のようなものか）。彼らをとりまく環世界がいかに狭いものだろうとも、彼らは同種間だけでなく、地球と交信できる。ジョルジュ・バタイユ風にいえば、動物は水の中に水があるように存在しているからだ。彼らは地球そのものだ。そこでよびかわす信号は、地球生命の交響する音楽、まさしく地籟にほかならない。人間にもそうした能力は備わっているだろう。本能は破壊されつくしたのではなく、退化しただけかもしれない。しかしそれを取り戻すのは、やはりかなり難しい。人間はすでに自然からさまよいでてしまっているから、自然との共生を取り戻さないまま実験室で本能の回復を試みたとしても、チンパンジーに単語を覚えさせるようなものに終わるだろう。

人間は自然からはみだした。本能は大脳に覆われて、よういに顕現できなくなった。人間はもはや、水の中に水があるようには存在できない。自然と人為を混同してはならないが、自然と人間の関係を、完全に切り離されて回復できないものと考える必要はまったくない。言語は世界を客体化し、人間と自然は「我―それ」の関係になりはてた。けれども流動的知性はもうひとつの力を生みだした。それは人間と動物を融合させ、聖なる存在に変える神話的思考だ。人間は自然にあらがい、闘い、離脱する欲求を持っているが、どうじに自然にあこがれ、愛し、ひとつになりたいという欲求を抱いているのではないか。人間と自然の関係を、「我―汝」に切り換え、自然を敬慕するため生みだされたもの、それこそがコスモスの思想なのではないだろうか。生物を捕食するための祈りが、やがて自然そのものを希求する訴えかけになる。外界に反応する表示体系、生命の普遍的現象として発露してきた歌は、脳の、社会の、知性の増強にしたがい、分節された言語に変わる。そして言語は、コスモスの思想によってあらたな性質をあたえられ、自然と人間を結びつけるための祈り、魔法の言葉としての詩に変容するのだ。

6　精霊としての興

自然を讃える先住民たち

おお、グレートスピリットよ、私は嵐の中にあなたの声を聞きます。
あなたの息吹は、万物に生命を授けています。
どうか私の言葉を、お聞き届けください。
あなたが生んだたくさんの子供の一人として、
私はあなたに心を向けているのです。
私はこんなに弱く、そして小さい。
私にはあなたの知恵と力が必要です。

どうか私が、美しいものの中を歩んでいけますように。
赤と緋に燃える夕日の光を、いつも目にすることができますように。
あなたが創り出したものを、私の手がていねいに扱うことができますように。
いつもあなたの声を聞き取っていられるよう、
私の耳を研ぎ澄ませていてください。
あなたが、私たち人間に教え諭したことのすべてと、
一枚一枚の木の葉や一つ一つの岩に隠していった教えのすべてを、
私が間違いなく理解できるよう、私を賢くしてください。
私に知恵と力をお授けください。
仲間たちに秀でるためではなく、人間にとっての最大の敵を、
わが手で打ち倒すために。
汚れない手とまっすぐな眼差しをもって、
あなたの前に立つことができますように。
そのときこそ、私の命が夕焼けのように地上より消え去っていくときにも、
わが魂はあなたのもとに堂々と立ち返ってゆけるでしょう。

中沢新一が紹介する、カナダに暮らすオジブア族のうつくしい讃歌。ここでは万物を統べる超越

的な大いなる霊、グレートスピリットが謳われている。《それはこの世界のあらゆるもの（諸物）に遍在して、区別なく生かそうとしている力をあらわしています》と中沢は説明する（カイェ・ソバージュⅣ『神の発明』）。それは人格神でなく抽象的な、それでいて神になることを拒否した存在だという。それは生きとし生けるものを包含した大いなる自然という概念に近い。

こんどは真木悠介が『気流の鳴る音』で紹介する、ナバホ族の讃歌。

美がまえにある
美がうしろにある
美が上を舞う
美が下を舞う
私はそれにかこまれている
私はそれにひたされている
若い日の私はそれを知る
そして老いた日に
しずかに私は歩くだろう
このうつくしい道のゆくまま

一枚一枚の木の葉、一つ一つの岩、その他ありとあらゆる存在が聖なるうつくしい生命となって、人間をとりかこむ。美が舞いおどる。歌い手は自然のふところに包まれた至福を感じているのだ。人間は神が生みだしたたくさんの生命のひとつでしかない。ナバホにも、統一された神という観念があるという。歌い手をかこんでいるのは、諸物に遍在する美というかんじに抽象化された、大いなる精霊なのだろう。

タヒチでも、こんなふうに神神が謳われている（ジャン・ギアール『南太平洋美術』岩崎力訳）。

大地の生まれしところハワイの神々を見よ
神々の生まれしところハワイの
人々の生まれしところハワイの
内を統べる神々　外を統べる神々
上方の神々　下方の神々
大海原の神々　大地の神々
肉体をもつ神々　姿なき神々
罪を罰する神々　罪を許す神々
人々を食い尽くす神々　戦士を殺す神々　人々を救う神々
暗黒の神々　光の神々　十の天空の神々

すべての神々をどうして数えられよう?
神々は数かぎりなし

いたるところに数えきれないほどの神が存在する。世界は神神にひたされている。神神が戯れている。弱く小さな存在でしかない人間は、美しいもののなかを歩み、おのれをとりまく神神を讃え、ともにある歓びを歌いあげるのだ。

動物から受け継がれ、もしくは模倣することから発生した音声が、分節化され、ひとつひとつの単語となり、文法をもって並べられ、人類の思考は複雑化する。神経回路が発達し、環世界が拡大した人間は、脳内発火に詩的象徴化をほどこし、元型的表象として再現させ、精霊と認識するに至った。表現は祈りとなる。元型は外界の事物とかさなり、狩猟の豊饒を願う儀礼がうまれる。さらに流動的知性を駆使して獲物と人間を融合させ、あらたな精霊を殖やしてゆく。精霊は諸物に遍在する。氷河期を越し、地上には湧きあがるように数えきれない生命がみなぎっていただろう。世界が輝きはじめる。人間は動物・植物の差異を見わけ、名前をつける。その言葉にも魂が籠もる。生物だけでなく、精霊と捉えられる存在は森羅万象におよんだだろう。そのなかで、種族の生存にかかわるとくに重要な存在が、大いなる霊にえらばれていったのかもしれない。いったんは分節化された音声が、精霊にふれ、いのりとなり、志となって沸きたち、あふれかえり、歌となってながびく。世界と交信する。指示機能や、社会的な伝達手段だった言葉が魔法になるのだ。そうして、動植物や人間の魂をふくんだ美しい秩序の保たれた統一体、動物的本能と社会意識の混交、人間と宇宙の照応……すなわち、コスモスの思想が生まれるのだ。

一即多　多即一

岩田慶治は、多くの著作で自然とともに生きる東南アジア少数民族の生活と信仰を、きわめて具象的に描きだしている。そこにはピーとかカモーイとよばれるむすうの精霊や、さまざまな悪鬼や悪霊や魂や幽霊や祖先神が満ちあふれている。岩田慶治はそれらを高次の神と区別し、カミとよぶ。《かれらの生活舞台には、山のピー、水のピー、川のピー、森のピー、大樹のピー、石のピー、洞窟のピー、土地のピー、象のピー、猫のピー、犬のピー、みみずくのピー、こうもりのピーなど、さまざまなピーが出没する。》（『カミの誕生』）

それはかれらが森で出会う幾多の生命そのものだ。個体の生命だけではない、小鳥のさえずりや虫のすだきや羽音が、聳りたつ岩山が、流れる川の水が、太陽の熱が、時とともに移りゆく空の色が、冷たく光る月が、きらめく星のまたたきが、群がりおこる雲が、降りしきる雨が、吹き抜ける風が、打ち寄せる波が、天を切り裂く稲妻が、轟く雷鳴が、洞窟の暗がりが、風に揺れる枝が、一枚一枚の木の葉が、ひとつひとつの岩が、ことごとく精霊となって、姿をあらわす。

フレイザーは、一本一本の樹木それじたいを霊と捉える思考から、超自然的存在が独立し、木は霊の仮の宿にすぎないと考えるようになったとき、アニミズムが多神教に移行するとした。《この超自然的存在は自由に木から木へと移ることができるので、樹木に対する一定の支配権を享有しつつ樹木の精霊であることを止めて、森の神となるのである。》(石塚正英監修『金枝篇』第二巻、神成利男訳)けれども中沢新一は、唯一神という観念は、人間社会の中でしだいに進化し、高次に発達した文明だけにあらわれるのではなく、個別の精霊を感覚した最初から、もうすでに人類の心に発生していたという、シュミット神父の説をとりあげ、旧石器時代、精霊といっしょに超越的な大いなる霊という観念は流動的知性によって生みだされ、はぐくまれていたと考える。カミは淘汰され進化したのでなく、はじめから棲みわけていたということか。中沢新一は個個のスピリットと、超越的なグレートスピリットとの関係を「一即多、多即一」とのべる。ふたつは別別のものではない。岩田慶治も、自分はかつて古代や未開のカミを多神汎神だと思っていたが、《カミそのものは一であった。虎のカミ、洞窟のカミ、古木のカミというのは、おのれとの出会いの、その時その場ごとの、一なるカミの多様な自己表現なのであった》とおもうようになったと記している(『カミの人類学』)。自然がただの抽象的存在ではなく、種種様様な生命の集合体であるように、ほんらいの神(カミ)は、天上にいます唯一絶対の存在ではない。それは普遍的な一なるものであるとどうじに個別の多の生命でもあるのだ。

つぎに紹介するのは、南米先住民グアラニ族による、最初の神ナマンドゥの讃歌(ピエール・クラストル『大いなる語り』毬藻充訳)。

最後の父たるわれらの父、第一の父たるわれらの父は
始源の夜の闇から
自分の体を出現させる。

足のある崇高なる植物
小さな丸い座。
われらの父は
始源の夜の闇の中心で
自分自身を広げることによって
それらを広げる。

ものごとについての知を照らす崇高なる鏡
万物に関する崇高なる造詣
崇高なる手のひら
花咲く枝々を持った崇高なる手のひら。
ナマンドゥは

始源の夜の闇の中心で
それらを広げる。

崇高なる頭のてっぺんには
冠のように飾られた花々と羽
そして露の雫。
崇高なる冠の花と花とのあいだ
羽と羽とのあいだを
始源の鳥マイノ――蜂鳥――が飛びまわり
ひらひらと舞う。

ナマンドゥは世界を創りだす神だけれど、彼が誕生したときから、もうすでに花花や蜂鳥や露の雫は存在し、共生している。精霊と大いなる霊のように。

フウィーヤとマーヒーヤ

こうした、個別の霊(カミ)と普遍の霊(カミ)は、井筒俊彦が『意識と本質』でとりあげた、イスラム哲学におけるフウィーヤ（個別的本質）とマーヒーヤ（普遍的本質）を思い起こさせる。詩は本質をうたう。井筒俊彦は、個別の本質を追い求めた詩人としてリルケを、普遍の本質をつきつめた詩人としてマラルメをあげ、さらにふたつの本質を結合させた詩人として芭蕉を捉えている。彼らの詩の本質とは、どのようなものだろうか。
まずリルケの詩をみよう（「薔薇の葩《はなびら》」大山定一訳）。

すっかり開き切ってしまった黄いろの薔薇は
ある果物の外皮だったかもしれぬ。
そしておなじ黄いろが　もっと濃く
オレンジの果汁となって　満々と湛えているのだ。
この一輪はおそらくもう開花がささえきれぬのだろう。
名づけようのないみごとなピンク色が空気にさらされて
そろそろ疲れた淡臙脂のほろ苦い後味に変わろうとしている。
あの白麻のような一輪は　古い森の池のほとりで
朝つゆの木かげに脱ぎすてられた真夏のドレス。
そのなかには少女の肌のぬくもりを残すしなやかな下着がそのままくるまれているかのよう。
ここにまた一輪。これはオパルの光沢をおびた陶器の壺。

脆そうな支那の平皿。
きらきら光るしじみ蝶の羽がいっぱいにつめられている。
と、そちらの薔薇は　何もない空っぽの器。

こまかにえがきだされ、うつくしく謳いあげられた薔薇の花は、一輪一輪がそのまま生命を宿している。リルケにかぎらず、ほとんどの詩人はフウィーヤを指向する。個個の事物それ自体を本質ととらえ、表現しようと苦心する。けれども、それに反して、マラルメはつぎのように独白する。《自然界の事象は、人がそれを語る時、言葉の演奏が進むにつれて大気の振動現象に置きかえられ、そしてほとんどすぐに消滅してしまう。そのことは一つの奇蹟であるが、しかし、もしもそこから純粋な観念が、卑近な、具体的な記憶に悩まされずに現われないとしたら、その奇蹟も何の役に立とう。》（「詩の危機」）
マラルメの詩を一つ（鈴木信太郎訳）。

處女であり、生氣にあふれ、美しい　今日《けふ》といふ
今日《けふ》こそ　酔つた鼓翼《はばたき》の一撃で　打砕いてくれるのか、
堅く冰《こほ》つて忘れられたこの湖《みづうみ》を、湖《みづうみ》の氷花《ひようくわ》の下には
遁れ得なかった飛翔の　透明な氷塊《ひようくわい》が　憑《つ》き纏《まと》つてゐる。

昔の一羽の白鳥は、不毛の冬の倦怠が　燦々と
光つた時に、その生きた境地を歌はなかつたため、
華々しい己《おのれ》の姿ではあるが　自由の身に
解き放たれる希望もない己《おのれ》であると　思出す。

空間を否定してゐる白鳥に　空間によつて科《くわ》される
眞白なこの苦惱を　頸は　拗《くね》らせて搖《ゆす》るであらう、
けれどもそれは　翼《つばさ》が地上に囚《とらは》れた恐怖ではない。

その純粋な輝《かがや》きが　この場所に定著させる　幻《まぼろし》は、
役にも立たぬ追放の間《さなか》にあつて　白鳥が　その身に
著《つ》ける　輕蔑の冷ややかな夢に沈んで、寂然《じやくねん》として動かない。

白鳥は詩人であり、湖の下の氷塊は完成されずに終わった詩作の数数なのだという。自然界の事象は世界から姿を消し、純粋な観念となって表象される。すべては言語に変化する。それがマラルメにとっての詩の本質だ。《ここではもはやコトバは経験的事物の記号ではない。事物を指示する

ものではなくて、かえって事物を消し、事物を殺すもので、それはあるのだから》と井筒俊彦はいう。史上で最も純粋な詩は、彫琢し、きりつめられ、磨きぬかれ、研ぎ澄まされ、身を輝かせるいがいにない。《象徴派の詩人たちは、詩においても音楽の場合と同じ効果を生みだそうという考えにとりつかれて、これらのイメージを音楽における音符や和音のような抽象的価値を持つものと考える傾向があった》(『アクセルの城』)とエドマンド・ウイルソンがのべたように、詩は天上の絶対的純粋世界に近づく。世界のすべてを身のうちに胎ませながらも、対象から切りはなされ、色も形も失われた、たったひとつの居場所に還元させて。

そして芭蕉。彼はリルケに劣らないはげしさで個体の本質を追求した。松は松、竹は竹として、個別に認識されなければならない。しかし古今集ではいっさいの事象が普遍的本質において定着されていた、と井筒はいう。その哲学的思索を俺の単純な解釈で考えると、和歌の世界はさまざまな約束事がからみつき、伝統に規定され、いまここにある松や竹を、そのままの松や竹として感覚し表現することを許さない。事物は朦朧化され、すべては茫漠たる情緒空間に沈着する。それはどちらかといえばマラルメ的な、自然の事象との連関を失った、人間中心的世界に近いのではないか。芭蕉は普遍的本質をも否定することなく、いやむしろ積極的に受けいれる。井筒俊彦は不易や本情といったことばから、芭蕉の求める普遍的本質を探る。だが《マーヒーヤが突如としてフウィーヤに転成する瞬間がある。この「本質」の次元転換の微妙な瞬間が間髪を容れず詩的言語に結晶する。俳句とは、芭蕉にとって、実存的緊迫に充ちたこの瞬間のポエジーであった》と井筒はのべる。それはいったいどういうことか。

芭蕉の詩の世界

たとえば岩田慶治は、芭蕉の「よく見れば薺《なずな》花さく垣根かな」という句をこう読み解く。《普段は見えなかったナズナの花が、そのときに限って、そこに咲いているのが見えた。その小さい花を、驚きのこころをもって、見つけたのである。いつでも見えている世界と、常には見えない世界が、そのとき、その花のところで合体したのである。不思議な白い花が咲いていたのだ。》(『草木虫魚の人類学』)

つまり、「よく見れば」というあまり詩的とも思われないことばは、約束事をはなれ、ありのままの存在としてながめる、という意味ではないだろうか。そのとき、リルケのように比喩を積みかさねなくても、いまここにあるこの花の実存が本質として見えるのだ。先住民族が自然に精霊を見出すように、芭蕉の眼は薺を捉えるのだ。

唐木順三は「物皆自得」という芭蕉の言葉を手がかりに、自然とのむすびつきを深くするどく考察したが(「自然といふこと」等)、「禅と中世文学」によると、万葉・古今集の時代の和歌は事象にふれておこる感動の直接の表現だったが、定家以来、詞と心の分裂は苦しい問題になっていたという。定家は古今集の歌心に帰ることでこの問題を解決しようとした。おなじように、芭蕉も、詩経の志に立ち戻ることで、虚実の分裂を超えようとしたのだという。吉川幸次郎は杜甫の詩の方向を緻密と超越にみる（「杜甫の詩論と詩」、吉川幸次郎全集第十二巻所収）。このふたつも、個別と普遍につうずる。芭蕉は杜甫から多くを学んだが、なかでも《自然を単なる感覚の美としてとらえず、世界の象徴、ことに自己の生の象徴として感じ得たことこそ、もっとも大きな獲得であった》（「芭蕉と杜甫」前掲書所収）と吉川はのべる。「私意を離れる」「造化にかえる」という言葉も、自然と自己を結びつけるものだっただろう。

とはいいながら、しかしまた、芭蕉はほんとうに自然を自然としてみていたのだろうか、という疑念も頭をもたげてくる。高橋義孝は、芭蕉の文学のほとんどが、和漢の文学遺産に糸を曳いた「踏跡」の文学「本歌取り」の文学だったと教示している（『近代芸術観の成立』）。これはエドマンド・ウイルソンの《われわれは一般的な読書の途中などに、エリオットの独創的な発明の残滓を表わすものと信じていた作品の幾行かが、じつは他の著者からの請け売りか換骨奪胎であったことを発見して、いつも狼狽させられる》（『アクセルの城』）という指摘に等しい。不易と流行とは、むしろエリオット的な伝統と前衛に近い観念だったと思う。《像花にあらざる時は夷狄にひとし。心花にあらざる時は鳥獣に類ス。夷狄を出、鳥獣を離れて、造化にしたがひ、造化にかへれとなり》（「笈の小文」井本農一・弥吉菅一校注、校本芭蕉全集第六巻所収）と芭蕉は記す。彼にとって、夷狄や鳥獣は自然の存在ではないと考えられているようだ。彼は個別の対象をこまやかに鋭利に観察するが、それは卑近で具体的な記憶に悩まされない自己の生の象徴、純粋な観念と変じてほとばしりでるのではないか。

あるいは芭蕉の自然とは、未開人や動物を排した高尚な趣味の世界にすぎなかったのかもしれない。ルソーは言語の起源を歌とみなす。その志を受け継ぐヘルダーは動物との連続性に着目する。ふたりの関係は、ちょうど毛詩大序と古今集仮名序みたいなものではないだろうか。（と書いたところで、藤井貞和『詩の分析と物語状分析』を読むと、仮名序の「いきとしいけるもの」は人間のすべてを意味し、「いづれかうたをよまざりける」も人間をめざす表現としている。つまり「鶯の声を聞けばわかるように、生類はみな歌わずにはいられないのだ」という内容ではなく、「鶯や蛙の声を聞けば感興がもよおされ、日本人はみな和歌を詠まずにいられないのだ」と解釈するのが真意ということだ。しかしいまの俺は生類の音楽という思想にこそ惹かれているので、たとえ誤読だとしても通俗的な解釈にしたがいたい。）ルソーは《思索の状態は自然に反した状態であり、瞑想する人間は堕落した動物である》（『人間不平等起原論』小林善彦訳）と書く。漱石「草枕」の那美さんは鶯の声を聞いて「あれが本当の歌です」という。すでに動物や原始人の歌に関するいろいろな研究をみてきた。そこに詩の萌芽がある。では、歌はいかにして詩となったか。詩の根源を探るために、俺ももう一度、詩経の志に立ち戻らなければならない。

詩経の志

詩経の志とは何か。聞一多は、原始人が感情の高揚によって発した声を、音楽と言語の起源とみる（牧角悦子『中国古代の祭祀と文学』）。バウラやスティングやミズンのように、まず音声だけの歌を聞一多は想定していたのだろう。白川静も、詩の起源的形態をかけ声のようなものだったと推測し、「斷竹　屬木　飛土　逐肉」という、呉越春秋にみえる二字句の弾射の詩を《音や韻の重なりが多く、原始の歌謡に近いのかも知れない》（『中国の古代文学（一）』）とする。では歌はいかにして詩となるのか。古代、詩と志はおなじ意味を持っていると考えられていた。聞一多は「志」という文字を「止」と「心」に分解し、その本義を心に留まることとみなし、「記憶（文字以前の記憶伝承）」「記録（文字による記載）」「懐抱（胸の内なる感情）」の意味を持って発展してきたとする。志が変化する。声が歌となり、伝承され、文字によって記録されたとき、志は史（歴史記述）になる。それがやがて、胸に抱いた感情を表現し、現在そうよばれるような詩になるのだ。

二章では詩の志の変遷から、それが祭式儀礼で歌われたものだという仮説まで辿りついた。三章では儒教成立以前の礼楽の起源をさぐり、旧石器時代までさかのぼった。マルセル・グラネは、詩経を元に、古代の民衆の祭典を、こんなぐあいに活写している。《この神聖な集まりの熱狂の中で、人々は神事の土地を縦横に歩き回り、幸せな思いに浸った。仲間の強い喜びを目にして過去の祭礼が思い出され、より強い幸福感を抱いた。人々は体の内部から生命が沸き上がるような素晴らしい交歓をできるだけ親密なものにしようとつとめた。この場所のあらゆるところから聖性を湧き出させる大いなる守護の精霊の力を感じ、人々はあらゆる手法でこれをわが身に受けようとした。その祭礼の場所が神聖であるように、登り下りする谷間、裳裾をからげて渡る小川の流れ、手に摘む花、シダの茂みや灌木、白楡の木々、大きな樫の木立、森で集める薪、すべてが聖なるものであり限りない霊力を持っていた。あらゆる希望を約束するものであった。動物たちも繁殖し、彼ら自身それぞれの季節の集会をもったのである。叢にはバッタが集まり、空を翔ぶ渡り鳥が羽を休め、砂州には雎《みさご》が群れ、森の中で野雁などが呼び交わす。これらすべてが祭りの一部であり、神聖な空間と時間を人々と共有していた。それらの呼応する鳴き声や番いを組むことをたがいに求める動作は合図であり、表象であり、そこに人々は自分の感情のこだまを聞いたのであった。人々は自ら大自然の秩序に溶け込んでいることを力強く感じ取った。》（『中国人の宗教』栗本一男訳）

ここでわかるのは、古代の祭礼が自然とみっせつに結びついているということだろう。自然が霊力をもった存在として生きている。伝統のまえに礼があり、礼のまえに呪術があり、呪術のまえには自然があり、自然のまえにはひとつひとつの生命があった。グラネの業績は戦後日本のすぐれた詩経研究者、とりわけ、松本雅明・白川静・赤塚忠に多大な影響をおよぼした。これからさきすこしばかり彼らの重要かつ刺激的な仕事をみてゆきたいのだが、そのまえに説明しておかなければならないのが、「興」という概念についてだ。

興について

興とは、比・賦とならんで毛詩に記された詩経の修辞。論語の「詩に興こり」「以て興すべし」

という言葉と関係があるのかもしれないが、はっきりしたことはわからない。吉川幸次郎は《ある主題を歌うにさきだち、歌わんとする主題と似た現象を、自然の中に見出し、それによって歌いおこす技法》とする（中国詩人選集1『詩経国風』）。目加田誠は《比喩ではなく、一つの発想法であり、この形が三百篇のおよそ半ばを占めている》という（中国古典文学大系15『詩経・楚辞』）。例を引こう。周南「桃夭」（魚返善雄訳、世界名詩集大成18『東洋』所収）。

わか桃わかい、あかるく赤い。
お嫁にゆけば、お家の光り。
わか桃わかい、ふっくらふとい。
お嫁にゆけば、お家のほこり。
わか桃わかい、ふさふさ青い。
お嫁にゆけば、お家の守り。

はじめに桃の花や実や葉が歌いだされ、つづいて嫁いでゆく若い娘への祝辞という主題が歌われる。「お嫁にゆけば」の行が主題で、「わか桃わかい」が興になる。

つぎは小雅「鹿鳴」（白川静訳）。

呦呦と　鹿は鳴き
野の白よもぎを食む
嘉賓《まらうど》ありて
瑟を鼓《う》ち　笙を吹き
笙を吹き　簧《ふえ》を鳴らし
筐《かたま》をもすすめまゐらす
かく我をよみしたまはば
よき道を教へたまはむ

これは賓客を招く祝頌詩だが、本題の前に、友を呼ぶ鹿の鳴き声が歌われ、そののち、歓迎の辞がのべられるわけだ。

万葉集でも、自然物に託して感情を表現する寄物陳思という技法が使われているし、意味を失った類型的表現は枕詞に受け継がれている。中国では詩経のほかほとんど用いられず、滅んでしまったものだが、よく似た様式を伝えのこしているのが、グラネも注目した、インドネシア・マレーシアで歌われるパントン（四行詩）という民謡だ。これははじめ二行が前句、うしろ二行が本句とよばれる。吉岡一彦によれば、《前句と本句は、脚韻を踏むほか、意味的には原則として無関係で、言いたいことは本句のほうにある訳ですが、前句では、叙景、叙事、叙情、ナンセンスなどいろいろなことが歌われています。掛け合いとして一方が前句を、それに答えて相手方が本句を歌ったり、あるいは、リーダーが前句を歌うと全員が本句を歌うというような形で、大勢の中で歌われもしてきたのです》（『マレー民衆の唄　パントン』）というものだ。

吉岡訳をふたつ引こう。

飛んで行く、夜明けの雲が、
一つ星が切り分ける山。
あなたを思い浮かべれば、
浮世の義理もどこへやら。

風はそよそよ吹き、
星は光る、砂子を散らしたように。
あなたと一緒になりたい、
あなたはあたしの命。

もうふたつ、こんどは中沢公平編『アジア民謡集成』から。

月が照ってる　川の面《おも》
鰐が浮かんで　死んだよう
乗るな男の　口車
誓いはするが　死を恐る

どこから蛭は　やって来た
田から川へ
どこから恋は　やって来た
目から胸へ

中沢公平の本に引用された小津幸夫の解説によれば、《パントンは、小鳥、生い茂る木、漂う雲、流れ行く川、など、自然を描くことが多いのです。インドネシア人の生活に深く溶け込んだ自然は、無意識的に彼等の口を衝いて迸り出るのです》という。吉岡一彦によると、パントンは六百年ほど前からマレー人のあいだで歌われてきたというから、詩経とちょくせつの関係はないとしても、「興」との類似をつよく感じさせるものだろう。

さて、この「興」こそが、詩経研究の最重要課題ともいうべきものだ。《興の本質を正しくとらへることは、詩篇の上につみかさねられてきた歴史的な附會を去つて、それを原初の姿にかへすために、もつとも大切である》という松本雅明の大著『詩経諸篇の成立に関する研究』（松本雅明著作集5・6）は、マルセル・グラネを批判しつつ援用し、周の時代の民衆祭礼を復原させ、詩の発生の現場に立ち戻ろうとしている。松本は朱子の説を採り込み、Aの関係をもってBの関係に対比せしめることを興の本質とする。興と主文のあいだに固定的な関係はなく、それを掛け合いで即興的に歌われた技法とみなす。松本は興にあらわれる動植物を詳細な博物学的知識を駆使して考察し、それらが民衆の生活に密着した存在であることをたしかめている。たとえば国風には草を摘む詩がかなりひんぱんに歌われるけれども、それは観賞のためではなく、食用薬用に使われるものが、恋愛感動の表現になっていったとする。周の人人にとって自然との交渉はあくまで生活の場と実用的意味をはなれることはなかったという。そして《興は基本的には、それ自身完結した自然の描寫によつて氣分を醸成し、その氣分をとほして主文をひきおこすものである。》《すなはち興の本質は、氣分象徴にあるといへるのである》という、よく知られた結論を出している（前掲書上巻）。つまり、祭礼の歌垣において、主題である情感の雰囲気を導くための前置きとして、自然風物をまず歌いだす。そうした気分をあらわすものが興とよばれたのだ。

　松本雅明は興を分析することによって、詩の新古の層を弁別しようと試みる。気分性のゆたかな、個人の祝頌歌では植物・動物・山川・風物などの豊富な興がとられるが、集団的な家室の繁栄・新築落成・収穫を祝う歌に興はみられないという。やがて詩は行為的・直接的表現から、感傷的・連想的表現へと移行する。興も主文からの独立性を保つ具体的で鮮明なものから、自然の観照が主文とふかくむすびついた象徴的なものへと変わるという。そしてつねにかわらぬ美しい自然と、不安にかられおちつきを失った人間を対比するような、反興があらわれる。さらに興は必然性の主張に発展し、諺風のいいまわしが増える。氏族社会が頽落し生活が破綻すると、物に仮託した諷刺の形式をとるようになり、動物へのよびかけも譬喩の性格がつよまるという。民衆祭礼の掛け合いの歌がまず成立し、それが国風として宮廷歌に編成されて、そこから雅頌が成立したと松本は唱える。宮廷歌が民謡に転化した例はみられないという。

　松本雅明が興を気分象徴と考えたのは、奄美大島八月踊りでの掛け合い唄を見物し、詩がまさに即興的にできあがる現場をまのあたりにしたことが大きいだろう。そこで歌はまだ身体的行動と分離されておらず、踊らなければ歌えない。それは歌合戦のかたちをとった、男女の交互の斉唱だ。男が歌うときは女が囃し、女が歌うときは男が拍子をとる。決められた歌詞をうたうものは「歌流れ」とよばれるが、即興的に相手の歌を受け、自在に応答するかたちを「あぶし流れ」とよぶ。それは田の畦道が縦横にはしり、はてしなくつながってゆくようにつづけられる。松本はつぎのようなあじわい深いあぶし歌を書きとめている（前掲書下巻）。

1　ガデクオメナベや　言《こと》ちけのたばこ　またも言ちけぬ　もつれたばこ
2　もつれ草取りゃに　もつれろにしれば　縁ぬねだなしゅて　もつれられぬ
3　縁と玉黄金《くがね》　ぬかば他人《ちゅ》さらめ　うちふらてふらて　ぬかばきょらく
4　うちふらいふらい　ぬしだもそいきゅり　戀ぬいやりやしゅ　ま繁く給《たぼ》れ
5　戀ぬいやりやしゅ　ま繁くしろしゅれば　汝家《なや》にてりでりと　歩く人ぬ居らぬ
6　吾家《わや》にてりでりと　歩く人や居《を》ても　思はだなしゅて　言葉なさけ
7　思はだなしゅて　聲ぬかけらりょめ　思たせるふしど　聲やおそろ
（略）
12　肝しゃげぬ加那が　思ひなちかしゃや　わどにやはやはと　ちきゅる如《ごと》に
13　わどにやはやはと　ちきゅたる縁ば　誰か人《ちゅ》ぬ居《を》て　どは中破《やぶ》て
14　加那が仲吾《わ》仲　入りゅる人《ちゅ》や居らぬ　花ぬ露こぼし　風どあたる

〔1　カデクオメナベのところに言づけられた煙草、またも言づけた、もつれ煙草よ（モツレは愛情の深さをいう）。2　もつれた草をとるように、むつみあおうとするが、縁がないのだろうか、むつみあえない。3　縁と玉・黄金は、別れると他人であるが、仲睦じくして、もし別れてもきれいに。4　仲睦じく別れても行こうが、恋の手紙は繁く下さい。5　恋の手紙は繁くあげるが、あなたの家にたしかにとどける人がいない。6　私の家にたしかにとどける人がい

ても、(あなたの便りがないのは) しんじつ思うのではなく、口先だけのなさけのせいでしょう。7　しんじつ思わないで、声がかけられようか。心から思うようになって、はじめてうちあけられるのです。12　いとしいカナが思いのなつかしさは、私のからだにやわやわと触れるよう。13　私の体にやわやわとふれる縁を、誰か人がいて破ったら。14　カナと私の仲に、はいってくる人はいません。それは花の露をこぼす風が吹いてきたのです。」

中国少数民族の歌垣

機知に富んだ男女の恋が堂堂とうたわれる。数しれない語句のなかから、その場その場の感情に応じて、ことばを自在にえらびだし、歌をつくりあげてゆくのだ。こうした歌垣は、東南アジアにほど近い、中国西南地方の少数民族のものが有名だ。辰巳正明はすぐれた書『詩の起原』において、東アジアに広く分布する恋歌を比較考察している。中国少数民族にとって、聖なる空間で森の神や祖霊に見守られながら行われる自由な恋愛は、それじたいが儀式であり、歌は日常から秘匿隠蔽された恋愛の表現、それも公的な場での模擬恋愛とよぶべきものだという。広西自治区に住む、ベトナム系の京族の祭りでは、まずはじめに神を楽しませる娯神情歌が唱われ、神と神の、あるいは神と人との恋愛が唱われる。

心は煩悶し、月に問う。

月よあなたは誰を待って、まだ光を放たないのか。
春風が吹いても花はまだ開かない。
私は花園で風の吹く音を聞きたい。
道は遠く海を隔て
漁師の櫓を漕ぐ手は疲れている。

つぎにうたわれるのは、まだ恋人の関係に進んでいない男女が相手を誘う社交情歌。

高い山の滴る水は石を穿つ。
遠い所から兄は妹の所に来た。
妹の村に来て妹と一緒。
蕭を吹き太鼓を打ち、千年も一緒。

このあと、本格的な恋愛をうたう恋人情歌に入ってゆくのだが、ここでもやっぱり興のような自然の風物が、雰囲気形成のためなのか、まず歌いだされている。
もうひとつ、辰巳正明が司会を務めていた国際シンポジウム「東アジア歌垣サミット」で配布された資料から、貴州省侗族の歌をみよう。

春がやってきて、すっかり春色になりました。千山万樹は青くなり、カッコウが歌を歌います。カッコウ、カッコウ、早く種を播いてください、と。川辺の柳は芽を出し、段々の棚田に水が流れます。カッコウが春を促し、早速、種播きをします。私たちの労働、私たちの愛情は、秋まで待っていれば収穫できるでしょう。

（カッコウが春を促す）

静かに聞いてください。私がまねる蟬の鳴き声を。また皆さんが声に合わせてくれることを願います。私たちの声は蟬の声には適いませんが、私たちの生活は活気に満ちております。私たちの青春を唱い、私たちの愛を唱います。

（蟬の歌）

これはたぶん、カッコウや蟬の鳴き声を真似ながら、うたわれるのだろう。男女の愛は大自然な中で、はぐくまれる。そのことが、歌によって示されているのだ。

辰巳前掲書によれば、近年の台湾・中国での詩経研究は少数民族の情歌との比較が論じられているらしい。詩経には、情歌とおなじく、恋愛の過程を段階的にうたいあげる「歌路」が認められるのだ。

白川静の説

松本雅明は興を気分象徴と規定したが、白川静は「興の研究」（白川静著作集9『詩経Ⅰ』）でまっこうから松本説を批判する。その解釈は興を修辞的なものと捉えるだけで、基盤の問題に立ち入らず、形式的な把握以上には進みえないという。

白川の考える基盤とは何か。それは古代習俗の呪術的世界だ。周以前の歌謡が持っていた原初的性格が、詩に受け継がれている。それをもっともよくあらわしたものが、興という発想なのだ。白川はうたをあらわす漢字、歌・謡・諺・謳を古形からさぐり、その意味を明らかにする。これらはすべて、呪的機能をはたしていたという。声に籠められていた力が、精霊への祈りとなり、呪詞となる。《一般に興と考えられている発想の本質は、［詩］の様式が成立する以前からの、原初の歌謡のもつ呪的な性格、その発想と表現のうちに存している。》つまり興とは、前時代の呪術的発想の名残りなのだ。

白川はこうして、松本雅明の気分象徴説を否定し、詩を読み直す。詩に興としてしょっちゅう登場した、草を採る、薪を伐るといった風俗も、草や薪を供物として神に捧げる農耕の予祝儀礼が起源とされる。生き物たちの興も、その属性を人間の性格や行為に適用した、フレイザーのいう類感呪術と解される。松本雅明が愛の冒険をあらわす成句と捉え、少数民族の歌路に儀礼的に組み込まれた逃婚（駆け落ち）の象徴として辰巳正明が注目する渡河（男女が川を渡る歌）も、水の女神を祀る習俗が興になったとされる。

興にあらわされる自然の風物は、それじたいが霊的存在だった。桃の木や、その花や実や葉っぱや、鹿やその鳴き声に、霊力が籠められていた。人人は精霊に祈りをささげた。歌はまさしく精霊へのよびかけだった。自然の生命が言葉に憑りうつり、歌になったのだ。

殷周革命の結果、氏族社会の祭祀共同体は潰え、古代の観念は崩壊する。合理的思惟が生まれ、自我が独立し、感情の解放がもたらされる。自然にたいする感性も発達する。現実感情優位の、新しい抒情詩が誕生する。しかし古代の観念は意識の深部にのこされ、興となって発現した。興とは精霊なのだ。《伝統とは幾代にもわたって一つの集団の特質となっている感情と行為の様式であり、それは主として、あるいはその要素の多くは無意識でなければならない》（「異神を追いて」）というエリオットの言葉を思い出せば、個人の解放のごとくにみえる詩の奥底に沈殿した無意識は、興は、まごうかたなき伝統として機能しているわけだ。

松本雅明は国風を西周、雅頌を東周時代につくられたとみるが、白川静は、祭事色のつよい頌がはじめに成立し、つづいて雅、さいごに風があらわれたとする。気分象徴の詩は、最末期にようやくあらわれる新しいものだという。氏族社会の山川の祭礼が、王朝の祭祀に採り込まれ、宗廟の儀式となり、いっぽうで、民衆の季節行事となって展開され、歌垣の習俗が成立するのだ。西周時代の青銅器に鋳込まれた銘文（金文）には、すでに雅頌の語句と対応する、宗廟で歌われたと思われる押韻された詩体が見られる。雅と頌は、こうした先行する銘文を文学的意図の下に発展させたものと家井眞は指摘する（『『詩經』の原義的研究』）。

しかしながら、白川は、原初的な歌謡と詩篇のあいだには異質といえるほどの大きな相違があったと書いている。詩はもはや呪謡ではない。だとすれば、原義が忘れられた呪言は、詩において類型化し、気分を象徴するだけの語句として、たんなる前置きとなって、歌いだされた可能性は考えられるのではないだろうか。松本雅明が興と呪術の関係を軽視するのは、周の民衆生活がかなりのていど文明化されており、未だ自然を対象として観察する態度はないとしても、すでに自然を神格化する思想も、動植物に精霊を見出す素朴さも認められないとするからだ。

松本はつぎのように白川に反論している。《氏の考える氏族社会は、金文をつくりうる小数の豪族の支配についてであるが、国風を生みだすのは、その下部にある村落そのものである。かような村落自身の構造・生活・機能・祭礼などについては少しもふれず、甲骨文や金文・『尚書』にあらわれる上部構造について述べ、あるときは、ただちにそれが村落共同体そのものを示すというふうに誤信されている。》《草摘み（野菜とり）・採薪のように生活に強く結びついて、その重要な部分をなすものを、すべて呪詞とみるのは正しくないであろう。しかも白川氏説では、呪詞とそうでないとみるものの間には、明確な区別はない。『詩』には自然はむしろ自由奔放に採られ、賦と興とのあいだにも本質的な相違はみられない。それは古代歌謡全体がマジックな儀礼とし歌舞されるからで、とくにその中の一句に呪詞をおく必要がないことを示す。（略）したがって一句の民俗的な解釈も、それが全体の祭礼と無関係になされるなら、かえって原意をそこなうであろう。》（松本雅明著作集1『詩経国風篇の研究』）

この反論は重要なものだと思うのだが、ほとんど顧みられてこなかった。ようするに雅頌が国風より古いという論拠は、文字資料が残されているか否かで判断され、文字を持たない村落共同体は詩を持たないことにされてしまっているのだ。松本雅明と白川静の発想の違いは、礼楽の起源を、下から上に滲みわたってゆくものとみるか、それとも上から下に滴りおちるものとみなすか、ということだったようにも思える。戦後日本の出版界で、雅頌にくらべ国風ばかりが大きくとりあげられてきたのは、それが民衆歌謡として社会に受入れられやすかったという側面があったかもしれないとは思うけれど、イデオロギー的な即断は避けよう（文化大革命前後の本場中国ではどんな研究がなされていたのか気になるが）。詩経国風は、民衆のよろこびやかなしみの歌として、受容されてきた。白川は、詩経の儒教解釈だけでなく、そのような安易な民衆像の形成や、民主主義的解釈をも拒否しているかにみえる。だけど素人目には、単純すぎるとしても、松本・白川両者の意見を融合させ、呪術に用いられていた語句が意味を失い、変化した祭礼の歌垣に転用され、気分象徴に使われたと考えるほうがすっきりする。模擬恋愛に歌われた文句としたところで、その無意識にあった呪術性は否定できないし、呪術が起源にあったとしても、詩が民衆のよろこびやかなしみを表現してきたことは否定できないからだ。辰巳正明は、奄美の八月踊りの掛け合い歌を、性の祝祭の傾向をつよく示し、豊饒の祈願が根底にあるとする。小津幸夫もパントンとアニミズムとの関連を示唆する。杜甫であれ貫之であれ定家であれ芭蕉であれ、マラルメであれリルケであれエリオットであれ、詩人はみな魔法としての言葉を信じているのではないだろうか。

赤塚忠の説

赤塚忠もマルセル・グラネの発想を独自に展開させ、詩を呪術儀礼とみなす見解に到達していた。《古代においては、最も重大な共通の関心事である祭礼は、類型的表現を成立させるに違いない。祭礼には歌舞があり、それもその儀礼なり観念なりを、その歌に写し取って永く維持することも考えておかなければならぬ。それが「興」として特徴づけられているものである。》《祭礼が慣習化すると、その神を祭ることがその祭祀集団体のものではなくて、一般的に開放されることにもなり、その神よりも、人々の集合を喜ぶことになり、遊興的にも、また、その祭礼の行事や歌舞が他に転用されることにもなるであろう。これにつれて、草を採るというわゆる「興」は、その類型的表現をとっていながら神霊に祈って神霊を動かすことから、他人の心情を動かすいわゆる思慕となり、さらにその期待に反する結果を悲しむことにもなり、その期待と背反を巧みに利用するものにもなり、単に比喩的表現に過ぎないものにもなるであろう。》（「中国古代歌謡の発生と展開」赤塚忠著作集第五巻『詩経研究』所収）

白川静は国風の語源を、霊的存在である「かぜ」という自然現象に求めたが、赤塚は別の説明をしている。殷代に神霊を降し神懸りになることを凡といい、その儀礼を考凡とよんだ。その舞いぶりから風俗の意が展開され、凡を風の字にうつしかえ、国風という語が成立したという。また雅は嘉（賀）、神福を慶賀すること、頌は容貌が原義で、神霊の意志を宣示することとした。赤塚説を受け継ぎさらに発展させた家井眞は雅を仮面、頌は舞踊をあらわすとし、ともに儀礼で演じられた舞楽と考えている（『『詩經』の原義的研究』）。歌垣の祭礼より、もうすこし古式の行事を想像できそうだ。赤塚が「蜉蝣」を舞踊をともなった呪術儀礼とする解釈は二章でとりあげた。鳥の興も、神の来訪を告げるものとして、鳥を装い、あるいは羽毛を持って舞われたとする。周南「麟之趾《りんしし》」や召南「騶虞《すうぐ》」という詩を、白川静は主旨不明としたが、赤塚は狩猟民の儀礼歌とみる。「騶虞」の合唱のあと、狩場の神である麟（鹿）の装いをした公子たちが、舞にあわせて歌ったものとし、日本の鹿踊りの原形とする。衛風「考槃《こうはん》」は考凡のことで、水神を招き、その精霊である水を身につけて、河水の神をのりうつらせ、災害のないことを祈ったとされる。家井眞も渡河の興を、穀物の豊穣をもたらす河川の水神を祀る農耕儀礼ととらえ、水神に扮した乙女や青年がじっさいに河を渡り、水辺で合唱した歌舞劇と考えている。

それから周南「樛木《きゅうぼく》」という詩。

南に樛れ木あり
つたかずらがまといつく

たのしや君子
福禄は君がみ上に

（目加田誠訳）

目加田誠はこれを《一族あつまって、あるじの恵みを讃え、いよいよその幸多かれと祝ぐ歌》（『詩経・楚辞』）とする。松本雅明も《君子の繁栄を歌う。君子は貴族であろう》（『詩経国風篇の研究』）と解く。だがこの君子を家井は祖霊と解し、樛木を依代とみなす。牧角悦子はこれをふまえ、神降ろしの儀礼歌として、「南に高く繁れる木、つたかずらこれにまつわる。祖霊は降臨して楽しみたまい、幸福を約束してくださる」と訳す（『中国古代の祭祀と文学』）。さきにみたフレイザーの考えを応用すれば、祖霊はもともとは自然の精霊となり、さかのぼって樛木そのものをカミとみていた時代を想定できるだろう。赤塚は《殷以前に、各族はそれぞれの生活の依存するものに神の存在を信じ、それを祀ってその権威と保護の下でその集団生活を維持していた。その祭礼の行われる所が、その生活圏の中心聖地、いわゆる社である。歌謡の発生は、最も原始的には、こういう同一信仰の生活共同体に求められねばならないであろう》（前掲論文）とのべる。

古代中国の環境破壊

ハイネはキリスト教によって追い払われ、落魄し、呪われた存在として隠れひそむヨーロッパの神神や精霊を描きだした。それはD・H・ロレンスのいう古代異教の精神、コスモスの思想と等しい。三章ですこしだけふれた袁珂『中国の神話伝説』や貝塚茂樹「神々の誕生」にもまた、さまざまな古代の神神が詳述されている。騶虞や麒麟のような霊獣も、あるいは堯や舜や鯀や禹のような聖人も、そもそもは精霊、すなわち虎や鹿や猿や魚といった生命の表象だったろう。それらのうち、あるものは人格化され崇拝の対象になり、あるものは妖怪変化となって駆逐されていった。

白川静によれば、「南に樛木あり」のように、しばしば詩に歌われる「南」は、異民族の住む神秘的な土地として、近づきがたいものを暗示する力があったという（『詩経』）。屈原や陶淵明も「南」の少数民族（夷狄）だったと考えられている。そこはおそらく、岩田慶治の訪れた東南アジア先住民が住む森のような、かずしれぬ精霊や悪鬼や魂あふれる世界だったのではないか。徐朝龍『長江文明の発見』によれば、この「南」の長江流域にあった良渚文明が洪水に襲われ、黄河中流に移住した避難民が、土着の文化と合体し、夏王朝を生みだしたとの仮説が近年提出されているらしい。古代中国にも精霊が満ちあふれていた。殷の時代の黄河流域は鬱蒼たる森林が広がり、大型哺乳類が多数生息し、河川や湖には無数の水鳥が群舞していたが、巨大な都市の建築や、墳墓の造営、青銅器の鋳造のため、大量の樹木が伐採され、大規模な自然破壊がおこなわれ、森林は急速に減少し、野生動物も数を減らしていったという（浅野裕一『古代中国の文明観』）。

森林と動物の減少は、神観念の変化を余儀なくさせただろう。《人間を超えた力そのものに対する畏怖と、幸福の追求とが本質であったのが商王朝の祭祀であるとすれば、周王朝のそれは、王朝の存続維持と天命による王朝の権威獲得を最高目的とする、より意図的・人為的要素の強いものへと変化した》と牧角悦子は指摘する（前掲書）。周の時代の祭礼はもう、祈りを捧げるべき本来の精霊は死に絶え、「祭ること在すが如くし、神を祭ること神在すが如くす」という「かのやうに」の哲学に替わられていただろう。自然破壊によって「中華」という文明思想が成立する。一即多・多即一のグレートスピリットとは違う、絶対化された神のようなものとして、天が信仰される。自然神から変化した聖人が崇拝される。カミによびかける歌は、人によびかける詩となり、やがて社会が乱れると、人は天にむかって嘆きうったえる。

孔子もまた、秩序のうしなわれた世界を嘆き、天に祈った。伝統としての礼楽の復活を願った。だが孔子の唱えた「仁」はたんに伝統に付随するものではなく、むしろ「礼」の基礎として伝統をあらたに創造してゆくものだった。仁の射程を、人間ばかりでなく、大いなる自然に、個別の生命に、拡げなければならない。詩の志の根源、興の中に隠れひそむ精霊を蘇らせ、生きとし生けるものに仁を注ぎ、少数民族の神話的思考、コスモスを取り戻し、現実世界の中でも自然の幾多の生命と共存しなければならないのだ。そのときこそ、ハイネやロレンスやウイルソンのキリスト教文明批判と同じ視角で、中華文明を相対化できるだろう。われわれも、あまりに肥大化した破壊的な現代文明を突き崩すための、魔法の言葉を取り戻さなければならないのだ。

7　歌うことと語ること

投果という風習

興とは、詩、というより、原詩における精霊の発現だった。人は儀礼の場でカミに祈る。日常言語と違った詩的言語というものが、もしあるとするならば、精霊や自然への祈りと呪力にこそ、その根源があったはずだ。そうした志がうしなわれたあとでも、祈りは興となって残された。それはすでに形骸化された伝統にすぎないとしても、おそらく詩経の志の源は、自然とともに生きる先住民族の讃歌とおなじ根、コスモスの思想や対称性の論理を持っていたと思われる。

たとえば衛風「木瓜」。

私に木瓜《ぼけ》の実を投げてくれた。
美しい瓊琚《たま》でこれに答えよう。
さあ、答えたよ。
末永く仲良く暮らそう。

（牧角悦子訳）

こうした恋愛詩に聞一多は投果の風習を見出した。果物が熟する季節、男女が集まり、わかれて立ち、女は思う男に向けて果実を投げる。あたった者は相手に贈り物をし、夫婦になるという。木の実の霊力が、男女を結びつける愛のまじないに使われたのだろう。タヒチ島の女性への古い言い伝えを記録した『歓喜の勧め』なる書にも《汝は水浴びの歓喜たれ。汝は木々の枝の中に隠れ、水浴びをしている男たちにおいしい果物を投げ与えるがよい》（M・スティングル『ポリネシアン・トライアングル』坂本明美訳）とあり、やはり共通する風習があったのかもしれない。つぎの召南「摽有梅《ひょうゆうばい》」も投果のうたとされる。

落ちる梅、もう実は七つ。
とりたい人は、いいとき早く。
落ちる梅、もう実は三つ。
とりたい人は、いまのうち早く。

落ちる梅、竹かごすけて。
とりたい人は、いうまに早く。

（魚返善雄訳）

よく熟れた梅の実が、適齢期の女性にたくみに重ねあわされている。あるいは女性が梅の実を投げながら歌ったのではないかと楽しく想像させられる。いっしょに連想するのはサッポーのこんな詩。

さながらに　甘い林檎の
　赤らんで　みづ枝に高く
いと高い梢に高く。
　摘む人の　はて見落しか、
いや、見落せばこそ、
　手が届かない、それはつかりに。

（呉茂一訳）

もしかすると古代ギリシャにも、投果の風習があったのではないだろうか。そうでなくても、果物に霊力を認める感覚はとうぜん存在しただろう。フレイザーによれば、悲劇の誕生にかかわるデオニソスは葡萄のみならず果樹一般の神だったとされる。エリアーデは植物神とみなし、ありとあらゆる生命とのつながりを持っていたという。たわわにみのった果実、熟したそれは人間の味覚を刺戟し、快楽をあたえ、発酵したそれは酩酊と陶酔をもたらす。うつくしく輝く実のひとつひとつに霊が籠る。それがいつしか神となり、やがては手の届かない高貴な女性の象徴になっていったのだ。

死んだ鹿の謎

もうひとつ紹介したいのは召南「野有死麕《やゆうしきん》」という詩。土居光知の訳で読もう。

一

野有死麕　　野に死せしくじかをば
白茅包之　　ちがやもてうちつつみ、
有女懐春　　恋を懐うたわやめを
吉士誘之　　みやび男ぞ誘うなる。

二

林有樸樕　　山に折りし柴を敷き
野有死鹿　　野に死せしさお鹿を

白茅純束　ちがやもてつつみくれば
有女如玉　たわやめは玉のごと。

三

舒而脱脱兮　静かに、君よ、おもむろに、
無感我帨也　わが帨《たなぐい》をゆるがさば
無使尨也吠　むく犬の吠ゆらんに。

一・二章は四文字四行だが、三章目は五文字三行になっている。《Ⅰ・Ⅱはパラディグム変換形式の非常に変わった型で、類似の文が詩行を一つずつずらして対応する。しかしⅡの一行目が付け加わったため、Ⅰの四行目に対応する詩行が無くなる。その代わり、転調するⅢが内容上それと対応する形になっている》と加納喜光は指摘する（『詩経・Ⅰ　恋愛詩と動植物のシンボリズム』）。水上静夫は一章目のはじめには「林有樸樕」の句が置かれていたが脱落したものと推察する（『中国古代の植物学の研究』）。土居光知は一章を序詞、二章は男が歌い、三章を女が歌ったものとする（『文学序説』）。海音寺潮五郎訳では「詩人と娘のうたへる」として、一・二章に《だまさうとしてゐるやつがゐる》《だまされるかも知れない》《だまされないでほしいねえ》と出来事をながめる語り部のやきもきしたおもいを挿しはさんでいる（『詩経』）。

内容はといえば、野に倒れている鹿の死骸を茅で包み、贈り物として女に捧げ、これによって誘引しようとするものだ。三章目は女の視点からだが、「無使尨也吠」を、誘いに応じた女が「犬を吠えさせないよう静かに入ってきてね」という解釈と、「妙なまねしたら犬を吠えさせるわよ」と拒否を示す解釈が存在する。《男は男らしくありなさい。下手にプレゼントなどして、私の心を動かさうなどと企んだとて、うっかり浮いた男などにだまされはしませんよ。手きびしく、はねつけられたところか》と田所義行は説く（『毛詩の歌物語』）。

海音寺潮五郎が「だます」という言葉をつけくわえているのは、拾った死肉を女性に贈るという異様な光景を想像しているからだ。松本雅明は逆にこれを狩りの獲物とし、倒れた鹿が野に茂った茅につつまれている光景をみる。白川静は、白茅で包むとは神への捧げ物を意味するとし、供物と死肉という相容れない存在から、神につかえる巫女の不倫という主題を読みとっている。

加納喜光はこの詩をテキストとして享受し、それぞれの章について《人目を引かぬ場所に隠れていたクジカが、野原で死んで身をさらしている。これは警戒心がとれて無抵抗な状態になった娘を象徴している。》《野原の近くの森から薪を切ってきて束ね、死んだ鹿（クジカ）を白いチガヤで包むことは、結合の暗示である。春に目覚めた女は玉のごとく成長を遂げている。》《形式、内容ともに転調する。リズムは軽快な五音節にかわる。象徴的に暗示していた誘惑の勧めが、具体的な実行に移るのであるが、神秘的で聖なるイメージのクジカが俗っぽいお座敷犬にかわるのも、効果的である。しかも男の誘惑をはねつける言葉を吐きつつ、一方では受け入れるという、矛盾した女の心理を描いて余すところがない》と卓抜した解釈を提示している（前掲書）。

動物儀礼があった？

ところが牧角悦子によれば、一・二・三章は、ほんらいそれぞれ別の詩だった可能性が高いという（新釈漢文大系110『詩経』上）。とすると、序詞は、野に死んだ鹿を主題にした原詩のようなものが想像できるかもしれない。たとえば俺はヨルバ族のこのような歌を連想する（クワナベ・エンケティア「アフリカにおける歌詞の役割」秋山龍英編『民族音楽学リーディングス』所収）。

水牛は死んだよ
子供をいばらの木に登らせ
水牛が森の中で死ぬときも
家族の長は屋根に隠れている
狩人が水牛に出会ったら
彼は二度と捕えないと約束する
彼は叫ぶだろうよ「わたした鉄砲を借りているだけだ。わたしは友としておまえをさがしていたにすぎないんだよ」と
水牛は狩人の狩猟の道具なんて大して気にしやしないのさ

水牛は頭に二本の刃があるもの
水牛は狩人の dane gun なんて気にしやしないのさ
水牛は分厚い皮をかぶっている
水牛は大草原の蝶だよ
草にも触れず飛ぶように走るんだ
おまえが雨もないのに雷の音を聞いたら
それは水牛が近づいてくるときなのさ

（近藤啓子訳）

これがどのような状況で歌われるものかはわからないが、死んだ水牛への大いなる畏敬の念がみなぎっている。死んだ鹿にも、こうした想いが籠められていなかっただろうか。さらに、野に死んだ鹿を茅で包んで神にささげる行為は、また「梟の神が自ら歌った謡」という、つぎのようなアイヌの神謡を想起させる（知里幸恵編訳『アイヌ神謡集』）。

人間の世界に飢饉が起こる。事態を案じた梟の神が天国に使いを送り、談判する。天に住む鹿の神と魚の神が、人間に獲物を出さないようにしていた。人間は鹿を捕るとき、木で頭をたたき、皮を剝ぐと、頭をそのまま捨ておき、魚を捕るときは、腐れ木で頭をたたいて殺す。鹿は裸で泣きながら、魚は腐れ木をくわえて神の許へ帰るので、鹿の神と魚の神は怒って人間たちを飢えさせていたというのだ。

それから、以後は、決してそんな事をしない様に
人間たちに、眠りの時、夢の中に
教えてやったら、人間たちも
悪かったという事に気が付き、それからは
幣の様に魚をとる道具を美しく作り
それで魚をとる。鹿をとったときは、鹿の頭も
きれいに飾って祭る、それで
魚たちは、よろこんで美しい御幣をくわえて
魚の神のもとに行き、鹿たちは
よろこんで新しく月代をして鹿の神
のもとに立ち帰る。それを鹿の神や
魚の神はよろこんで
沢山、魚を出し、沢山、鹿を出した。
人間たちは、今はもうなんの困る事も
ひもじい事もなく暮している、
私はそれを見て安心をした。

ここでは、人間と動物たちの関係が、神を介してうつくしく歌われている。知里真志保によれば、アイヌのユーカラは神を歌うものと人間（英雄）を歌うものにわけられ、神のユーカラはまた自然神が歌うカムイユカルと人格神が歌うオイナにわけられる。そこには社会構造・生産様式の変化があったと考えられ、カムイユカルのほうがいっそう原始的な歌謡だったと思われる。知里真志保は、こうした梟神の歌を、祭りにおいて巫女が、フクロウの彫像をとりつけた礼帽をかぶったり、フクロウの耳毛のような飾りのついた木弊を手にするなどといった、神を象徴する特別な扮装をし、所作をまじえながら語ったと推察している（知里・小田邦雄『ユーカラ鑑賞』）。これは前章でみた赤塚忠とまったく同じ発想だ。もっと原的には、梟をなかだちとせず、鹿や魚をそのまま精霊と崇めた時代があったのだろう。そして「野有死麕」も、その一章目は鹿の霊を神に返す儀礼の名残り、あるいは供犠だったと考えられないだろうか。ネアンデルタール人も彼らの住まう洞窟に熊の頭骨を飾っていたという。そこから、アイヌの熊送り儀礼に近い宗教観念を想像する学者もいる。そのとき、呪詞よりもっと原的な、まだ分節化されない音声歌（Ｈｍｍｍｍ）が、洞窟内にひびいていたのかもしれない。

世界を説明するための神話

供犠という観念を導入すると面白すぎて、詩の根源を探る現在の主題から逸脱してしまうので、発生の話に戻りたい。白川静は、歌を「訴ふ」と語源的に関連があると考える。頌の語源も訟、すなわち神への訴えかけにあるとみる。

この発想はたぶん折口信夫から得たものだろう。折口は「國文學の發生（第四稿）」において、「うたふ」が神意に依った古代の裁判に付随する行事を示していたとのべる。

けれども藤井貞和『詩の分析と物語状分析』では、「ウッタヘ」の古形は「ウルタヘ」だったとして、歌との関連を否定し、かわりに「うたた」「うたうた」（いよいよ、ますます）、「うたて」（何だか不思議に、なぜか非常に）、「うたがたも」（一途に、わけもなく）、「うたがふ」（疑念にとりつかれる）、「うたげ」（宴）、「うたき」「うたく」（唸り声をあげる）という言葉から、歌の語源に、うたた騒然たる心的状態（うた状態）を想定している（日本語の世界1『日本語の成立』の大野晋も「うた」の語源にふれているが、「訴ふ」については取りあげていない。はじめから問題外ということろだろうか）。

だとしても、やはり歌は精霊へのよびかけとしてあったのではないかと俺は思う。折口信夫は来訪神が土地の精霊を屈服させるところをその日本文学発生論の出発点としているので、それ以前の、人間と精霊との交歓をすっとばしてしまっているのではないか（縄文人もとうぜん歌を持っていただろう）。「伝承文藝論」では、「うたふ」と「かたる」を区別し、前者は自分の心持ちを哀訴すること、後者は詞で相手の魂を感染させ征服することとのべている。

これを俺流に変換すると、歌うと語るは、讃歌と神話の違いになるのではないか。心にとどまる志が文字に記録され史（歴史）になったと聞一多は考えた。だがそのまえに、詩は世界の起源を説明する科学的思考としての神話に発展したのではないか。神話は歴史につながる。すると一章で紹介した、エドマンド・ウイルソンのいう「詩」と「韻文」も、神に哀願することばと、世界を説明することばの違いだったかもしれない。ギリシャの劇詩は植物神への祈りから発展してきた。韻律形式で表現された古代ギリシャの医学や物理学の理論は、世界の謎を解明する神話の延長上にある。哀訴することばはやがて抒情詩になって純化しかたまり、説明することばは語りとなって伸びひろがり、散文化したのだ。

これについては工藤隆が中国少数民族の実地調査に基づき構想した、「神話の現場の八段階」という図式が参考になるので紹介してみよう（『中国少数民族と日本文化』）。

一　ムラの祭式で、呪術師や歌い手が一定のメロディーのもとに、伝統的な歌詞のまま歌う。聞き手の村人も歌詞に詳しい。

二　ムラの祭式でもきちんと歌える呪術師や歌い手が、外部の人の要請で特別に（作為的に）

歌う。
三　呪術師・歌い手が、メロディーはわかっていても歌詞を完全には思い出せない場合、歌詞を自分の言葉で変形させながら語る。歌ほどのメロディーは持ってないが、ある一貫した語り節のようなものはある。
四　専門の呪術師・歌い手にかぎらず、長老・物知りといった人たちが、聞き手の質問に答えたり、ほかの人に相談して内容を確認したりしながら説明する。歌詞の固定度は減少し、外部社会からの影響も受けやすく、別系統の神話が混じりこんだり、話し手の主観・個性による変化が大きくなる。語りは散文体に変わっている。
五　この段階ではいくつかのムラを統合したクニが登場している。ムラの祭式と密着していた神話は、複数のムラのあいだでも交流し、さらにはクニのレベルの神話として普遍性を高めて再構成されたものも登場する。ムラ段階の神話はある量の変質をこうむるが、完全にムラや祭式から分離されることはない。口承伝承の専門家がクニの行政の中心部に常駐していた可能性がある。
六　複数の歌い手や語り手から聞いたものを文字で記録し、取捨選択して編集する。最も内容が豊富で、首尾が整った、完成度が高い神話になる。ムラ段階で生きている神話を、外部の目を意識したり、知識人の論理を交えたりしながら再編される。
七　すでにムラの祭式の現場は消滅していたり、ムラそのものが町になっていたりして、神話だけが伝承されている。そういった物語を収集する国家機関が登場し、国家が必要としたときそれらの編纂が官僚知識人に命じられる。神話に国家意志と編纂者の個人意志が介入している。八　編纂されたものは文字と国家意志に権威づけられた「〈古代の近代〉の神話」となり、文字神話の起源となって、さまざまな変化形を生みだしていく。

工藤隆自身が注意を促しているように、これはあくまで多様にありうるモデルの一つにすぎず、じっさいにはいくつもの段階が混在している。でももし松本雅明と白川静がこうした明快な図式にのっとっていたなら、詩経をめぐる両者の論争も明瞭になり、みのりゆたかなものとなっていたのではないだろうか。いくつもの小共同体のさまざまな神話を国家が吸いあげ、正史となす。それはすでに精霊の駆除された、人間中心の歴史になっているのだ。あるいは唯一絶対の神が世界を創造したという歴史観もあるだろう。自然神の物語が、人格神になり、絶対神になり、架空の英雄になり、実在する部族の長や、国王への讃美を語るものになる。神話が歴史になるのだ。

はじめに生命のあふれる世界があった

しかし原初の神話においては、世界は精霊に満ちあふれていたのではないか。日本書紀や風土記には、磐根・木株・草葉は皆ことごとくものをいい、蛍火のようにかがやく神がおり、群がる蝿のように生命が沸きあがっていた、と伝えられている。ひとつひとつのいのちがきらめき、あふれかえっている。それらはすべて純粋言語を持ち、ざわめいている。これが縄文から弥生時代にかけての世界観だったのではないか。生命の純粋言語から離脱し、かれらの声を聞きとれなくなった人間は怯え、きらめくいのちを邪神と呼んで排除しようと努めるのだ。

前章で南米グアラニ族の創世神話をすこしだけ紹介したけれど、おなじようにブッシュマンの神話ではズゥイとよばれる精霊が変身をくりかえし、世界をつくりだす。ズゥイはまず花だった。《鳥たちは日が沈むまで、花である彼を食べた。夜が来た。彼は横になって眠った。そこは暗かった。そして太陽が昇った。ズゥイは樹のように丈が高く、こんどは別の種類の大きな花であった。しかし夜が来るとズゥイはズゥイであった。太陽が昇った、そしてズゥイはまた花であった——淡い色の花で、緑の果実に変わり、やがて赤く熟した。しかし日が沈むと再びズゥイは人間であり、休んだ。また太陽が昇ると、ズゥイはズゥイであり、出かけて椰子の木になった。日が沈むと彼はまた人間であった。しかし太陽が昇った時、(肉と血はとても我慢できないというように)彼はもういちどある種の植物になった。灌木から喬木にいたるまで実にさまざまな種類のものが豊かにしげり、すべてが、赤や金の果実をつけている。日が沈むと彼は彼であり、地面に横になって眠った。》(バン・デル・ポスト「狩猟民の心」山本和平訳、現代人の思想15『未開と文明』所収)

ブッシュマンはまたカマキリを守護霊として尊ぶ。世界は精霊にあふれている。そうした存在の起源を合理的に説明する神話のまえに、精霊によびかける歌があったのではないだろうか。霊長類の鳴き声からつづいた感情の表出がＨｍｍｍｍという伝達体系になり、拡大した人類の環世界は敵と獲物だけでない生命を認識し、流動的知性は生物を霊ある存在とみなす。分節化された歌は審美的・記号的な標づけをあたえられ、詩的象徴に、詩そのものになるのだ。

ハワイの創世神話クムリポは、混沌の世界から光と闇があらわれ、男性原理クムリポ（根源の闇）と女性原理ポーエレ（夜の暗黒）がまじわり、珊瑚・虫・ヒトデ・ナマコといった生命がぞくぞくと誕生してゆく。貝類が、藻が、海草が、魚類があらわれる。豊かな海洋生物がこのように歌われている（後藤明『南島の神話』）。

セイウチの群れが通り過ぎ
海の深みで群れをなして回り
オープレ魚の長い群れ
海は群れで濃く見える
カニと硬い殻を持った動物たち
水を飲みながら進み
素早く、そして静かに浮かんでは潜り
ピモエは水平線の下に潜む
長い波の上に、三角波の上に

数え切れない珊瑚の崖
低く、積み上がり、ぎざぎざになり
小さな生き物たちは、潮によって暗きところに運ばれ
海はとても暗く、底が見えない
パーリウリの緑濃い崖のような、珊瑚の海
陸はその中に没し
夜の闇に包まれて
まだ夜だ

そののち陸の植物が生まれ、虫や鳥が生まれ、地を這う動物が生まれ、豚が生まれ、人間が登場する。進化論的な生命の系統発生が語られているのだ。生物の起源は人間の神話に接続され、物語が展開し、王族の誕生で幕を閉じる。おそらく工藤隆が主張したような、ムラのいくつもの神話をクニが編集し、〈古代の近代〉化させたものだろう。もしかすると日本の歴史書は丸山真男のいうほど特殊なものではないのかもしれない。クムリポが歌われるさいには、言葉の表面とは別の隠喩が含まれており、そのための特定の音声が配置されるという。《クムリポには、民俗生物学、生物と神々との対応関係、生物同士のシンボリズム、さらに色彩や音声のシンボリズム、というように幾重にもマルチメディア的仕掛けが施されており、その全容を理解し、また日本語などに翻訳する

のは至難の業である》と後藤明はのべる。引用部分をみると、かなり客観化された自然観察が認められると思う。クムリポは、讃歌のおもかげを残した語りにみえる。個別の生命はもはや人間と流動的に融合する精霊ではなく、むしろ科学的な目で捉えられているようだ。そこには、世界への懇願でなく、神話と歴史と科学があらわれている。

音声歌から詩が生まれるまでにあったこと

もうすこしだけ、音声歌と詩のすきまを埋めてみたい。

遺伝学者の大野乾は《詩が詩である所以は、繰り返しがほぼ同じ間隔を置いて、韻を踏んで再現してくる構成にある。さらに詩は歌であり、歌は声音を使った音楽のためである。そうすると音楽そのものも、やはり繰り返しの繰り返し原則によって作曲されているということになる。》《メロディーの繰り返しを好む生物は、知能のある人類だけではない。ヒバリ、カナリヤに代表されるスズメの近縁種の雄には、美しい歌をさえずるものが多い》とのべ、その繰り返しが遺伝子の塩基配列の構成と同じだと指摘し、五章で探求してきた生命の音楽を生化学的に立証しようとしている（『生命の誕生と進化』）。音楽は生命に内蔵されている。生物学者は必要以上にこれを強調しすぎるきらいはあるけれど、人間と動物はやはり連続しているのだ。

小西甚一は、モーリス・バウラによる原始歌謡の発展段階説をつぎのように要約している（『日本文藝史I』)。

1 意味のない単一の詩行からなる。

2 意味のある単一の詩行からなる。反覆により強調することもある。

3 複数の詩行が集合する。詩行を連ねるだけのものもあれば、単一の詩節を形成することもある。

4 複数の詩節が踊りにおける反覆に対応して集合する。複数の詩行が大きい単位のもとに集合することもある。

5 それらの集合が、一定の区分ないし周期のもとで、長さに拘束されず、詩としての意味を持つ。

エルンスト・グローセも、伝達機能を有しない感情の表出としての叫び声が、律的反覆のような美的効果をあたえられたとき、それは歌になるとのべている(『藝術の始源』)。意味がない(と思われる)音声歌は、いまだ名づけられない何物かへの訴えだ。意味は言葉自体ではなく、発語主体である人間と、受語主体である精霊との内的連関に存在している。Hmmmmのような叫びが、分節化され、単語となって、身体動作とともに繰り返される。礼楽のはじまりだ。やがて歌は言語としてかたまり、伝承されるうち、形式化し、自然との関連を失い、文字に記され、外化され、テキストとしての詩になるのだ。

けれども文学の根源は、本質は、世界を虚構化することにあるのではない。世界の意味を摑み、あらためて提出することにこそある。

谷川健一は『南島文学発生論』など詩の成立を考察したすぐれた著作を残したが、そこでユングトウとよばれる南島の呪文を紹介している。神のお告げをあらわすそれは、意味不明で韻律的な口ずさみだという。奄美群島では鳥獣や植物や自然に投げかける言葉として用いられる。与論島では子供が生まれたときの行事につぎの言葉を唱える。

うらかてぃ
くれぇ付きらん
木《しい》ぬ精《むぬ》
くさぐさぬ精《むぬ》ぬ
出《い》ぢてぃ　来《く》うぬ如《ごとう》
カラ竹ぬ　ぷしぷしぬ如《ごとう》
伸《ぬ》びり　阿旦《あだに》ぬ如《ぐとう》
島ぬ垣《はき》成り
サアラキぬ如《ぐとう》　広《ぴる》がてぃ

お前に対して
役をつけましょう
木の精霊
種々の精霊が
出てこないよう
カラ竹の節のよう
真直ぐのび、アダンのよう
島の守りになり
サアラキのように広がって

にぎ出《い》ぢり　　　　　稲や麦のノギのように出て
泣きよお　泣きよお　　　泣きなさい

谷川はユングトウを《「記紀」またはそれ以前の社会をあらわす言語表現と見てさしつかえない》とする（『うたと日本人』）。さきの呪言は精霊へのよびかけとしての意味をあたえられているが、能記と所記が結びつかない音声だけのことばも存在する。というより、いっそう原的なよびかけとして、それは存在しているのだ。上田紀行は《なぜ宗教的な儀式の始まりには意味不明の呪文が置かれているのだろう》と問う。そして《それは呪文によって左脳の分析的な流れを止めることで、感覚的な右脳の働きを活性化させるためではなかったか。そして呪文によって活性化された右脳は、ふだんは見えない悪魔を呼び寄せ、ふだんは感じられない聖域に漂う何物かをキャッチするアンテナとなるのだ》と答えている（『スリランカの悪魔祓い』）。

岡田明憲も《マントラは、その意味内容を考えないでも、くり返し何度も唱えるのが普通である。その際に、身体を揺するような、規則的な動作をともなうことも珍しくない。これはなぜなのだろうか。それは、くり返しや動作のリズムが、潜在意識に働きかける効果的な手段だからだと考えられる》とのべる（『ユーラシアの神秘思想』）。スティーブン・ミズンはマントラを音楽とも言語とも分類できない表現とし、Ｈｍｍｍｍに近いものだったと推察している。音声歌もそうしたものではないだろうか。スティングがのべるとおり、それは原初の祈りの顕現だった。自然から離脱したいという欲求が左脳に、自然と合一したいという欲求が右脳に、もしかしたら、あるのかもしれない。

無責任な仮説を立てれば、精霊に訴える詩の機能（「うたふ」）は右脳に属し自然との一体化を志向し、世界の謎を解説する神話の機能（「かたる」）は左脳に属し自然の支配を目論む（この発想は見田宗介『青春 朱夏 白秋 玄冬』に収録された「左の人間学」から借りている）。おそらく、「意味」とは、人間の意識だけではなく、五章の終わりで記したような、地球を感じ摂る生命活動そのものに内蔵されているのだ。人間の意識なぞ地球全体の持つ意味のかけらにすぎない。声や言葉も、竹内敏晴がのべたように、呼吸、脈拍、腸の蠕動、手の屈伸や把握や打撃、脚の歩行などといった、人間のからだが発するさまざまな音の一部にすぎない（『ことばが劈かれるとき』）。体全体の発する音は、おのおのひとつひとつの意味を担っているのだろう。しかし言語は脳を覆い、人間の根源的生命活動、地球自体の純粋言語を感じ摂る力としての本能を、しだいに失わせてゆく。言語と脳が共進化を遂げれば遂げるほど、詩は神話に組込まれ、物語化し、散文化してゆく。右脳に残された詩は純化され人類の太古の記憶を宿す音楽に近づく。やがては具象性をうしない天上の絶対純粋世界を志向する。詩が言語に吸収され、卑近で具体的な記憶に悩まされない純粋観念が理想とされ、自然への希求を失ったことが、現代詩を隘路に陥らせてしまっているのではないだろうか。自然へのよびかけ、自然との一体化という欲望、それこそが詩の根源なのだ。自然により近い生活を送る人人の歌う音声だけのいのりは、自然と切り離された人人からは意味のない歌と捉えられるのだ。

詩は自然にむかって呼びかける

詩は、魔法の言葉は、自然にむかって呼びかける。ナバホの人たちは、植物を採取するとき、ささやかな儀礼をおこない、許しを乞うために歌う。《植物はその言語を聴き、折られ、あるいは伐りだされることを承諾する。言語はたんに人間の言語であるのではなく、植物の言語であり、動物の言語であり、岩石の言語であり、諸現象の言語である》と北沢方邦はいう（『近代知の反転』）。ル・クレジオもメキシコ先住民にふれて、《歌とはむしろ、秘密の力に向けられた音の発信であり、神々や動物や植物のための言葉、言葉が到達し得ない一切のものに達するための言葉なのである》とのべる（『悪魔祓い』高山鉄男訳）。小笠原良治によれば、駱駝の歩行を促進させるため、歩調にあうリズムの歌を聞かせたことが、アラビア詩の起源と考えられているという（『ジャーヒリーヤ詩の世界』）。その根にあるのも、おそらくは動物へ呼びかける呪言だったのだろう。

ラオス北部のラオ族の収穫儀礼ではこんな呪文が唱えられる（岩田慶治『カミの誕生』）。

オム　ウ　ア　マ　ムン　マ
つもりつもって丘のようになれ
野鼠がするように寄り集まり

砂が砂丘をつくるようにうず高くつもれ
断えまなく流れ落ちる急流のように降り注げ

メキシコ先住民チョンタル族は、トウモロコシの種を蒔きながら、こんなふうに歌う（荻田政之助・高野太郎編訳『チョンタルの歌』）。

トウモロコシが泣いている
《なぜ埋めたのか》と

土の中のそのすすり泣き
カラスが聞いて
掘って取り出し　カラスが食べた

そこで私は言うのです
《三日間は泣いちゃいかん》と
そうしたら　おくれるのです
芽が出て大きな生涯を

アーイ　アーイ　種よ　種よ
アーイ　アーイ　泣くな　泣くな
そうすれば
おまえは芽になるだろう

ここで穀物は生きた精霊として捉えられる。詩経にあらわれる原始歌謡としての興とは、こうした自然生命への祈りだったのだろう。

シャーンティシャーンティシャーンティという言葉がある。これはウパニシャッドの結びの決まり文句だそうで、エリオット「荒地」の末尾にも使われている。丸谷才一によれば「荒地」末尾のこの言葉は、仏蘭西語の「歌う」という動詞の命令形を語源とした、水夫の労働歌を意味するとし、《歌いながら働くという水夫たちの動作は、詩を作ることが労働である詩人のあり方とみごとに照応するだろう》と読み解く（「西の国の伊達男たち」）。

さらにサティシュ・クマールによれば、この呪文は、ヒンズー教やジャイナ教といったインドの諸宗教をつうじて、究極のマントラとして広く認められているという。シャーンティとは平和を意味する。クマールは幼いころに聞いた、バラモンによる説明を記している。平和の語はなぜ三回繰り返されるのか。

「世界の平和を得たのなら、自然や宇宙、神々など、すべてのものとの平和を築くのだよ。世界は人間だけで成り立っているのではない。だから、人間の世界を越え、すべての生命と平和を築く必要がある。全地球は一つの家族であり、人間、動物、鳥、植物、すべては親戚関係にある。だから、『シャーンティ（平和）』を三度唱えることで、個人、社会、宇宙という三つの領域に平和が広がり浸透するようにするのだ。我々は平和という崇高な考えを全宇宙の隅々まで送り届け、平和という崇高な考えが全宇宙の隅々から我々に届くようにするのだ」

（『君あり、故に我あり』尾関修・尾関沢人訳）

呪言は呼びかける。世界のあらゆる領域へ。人と自然の結びつき、動植物や人間の魂をふくんだ美しい秩序の保たれた統一体、動物的本能と社会意識の混交、生類の普遍的基層を志向する流動的知性、人間と宇宙の照応、コスモスの思想。詩の志とは人間だけのものではなく、自然に遍在しているのではないか。地上にあふれる精霊の生命活動こそ、真の志なのだ。エリオットの詩が俺にはさほどの感興をもよおさせないのは、それがあまりに理智に傾きすぎているからだろう。生命への畏敬が感情に流露し、こころのうちをみたし、声を引いて詠い、手を舞わせ足を踏んで踊る。縄文人や弥生人もこんなふうに歌ったのではないか。大地のことば（地籟）におびえ、天上の音楽（天籟）を希求することから堕落がはじまる。とどのつまり、原初の詩は、異生物種間交流として発生した。流動的知性が、異生物と人間をつなぎあわせ、比喩の能力によって融合される。それこそが、魔法の言葉のはたらきなのだ。

8　成長する詩

人間が自然とかかわりをむすぼうとするとき、言語は呪力を帯び、詩に、文学に、変容するのではないか。ここまでそう考えてきた。ありきたりの宗教起源説にすぎないといえるかもしれないが、俺は別にあたらしさなんか求めちゃいない。ただ文学のかつてあった、そして今後のあるべき姿を模索するだけだ。

本章ではなるたけ多くの魔法の言葉を紹介していきたい。いちおうそれっぽいことを書いてはみるが、山口昌男が含蓄ある論文「未開社会における歌謡」（『人類学的思考』所収）で《歌謡のモチーフは、考えようによってはほとんど可変部分に属し、神話の如く、宗教観念あるいは儀礼との連関による固着性はほとんど有り得ないから、古代歌謡の内容を他の諸民族の歌謡と単純に比較することはほとんど不可能であろうし、いくつかの例を除いては余り意味のない事であろう》と安易な方法を戒めるとおり、詩的進化を証明するものにはなりえず、俺個人が偏愛する文学作品の恣意的な引用にしかならないだろう。綿密な調査と比較研究が進めば、いずれは工藤隆の構想より古い形の文学、呪文や讃歌や歌謡の現場の発展段階が、見出されるかもしれない。とりあえず現時点でのこの作業は、詩の本質的機能や、詩の根源にあるものを見つけだす手がかりぐらいにはなるのではないか。そう信じて、書き進めてゆく。

霊的存在を歌う

マリノフスキーは、トロブリアンド諸島住民の夥しい呪文を記述しているが、ここでは舟を作るため木を伐り倒すさい、木の精（トクワイ）を追い払うためのことばを、土方辰三の祝詞風の訳でみよう（『文学の源流』）。

下りてきませ、すだまら、
枝に栖むトクワイたち下りてきませ。
木のまたに栖む者たち下りてきませ。
来りて食べ、
彼方なる珊瑚の岩礁に行き、
いむれ集まり、相つどひてののしり叫び給へ。

穀物に霊をみるラオ族やチョンタル族とおなじく、トロブリアンド島民も、世界のすみずみに霊を見出す。世界は精霊にとりまかれている。世界は精霊そのものなのだ。アマゾンに住むデサナ族は、病気の治療、狩猟や漁撈の成功、食糧一般の獲得、女性の妊孕、その他さまざまな社会的結合や和合的関係を願って祈請を唱える。それは動物への援助を乞う場合が多いという。《例えば鳥に向って、「お前の強い嘴がお前の巣を守っているように、お前の黄色い羽が太陽の力をもっているように、そのように私のマロカも守られるであろう」といった風にいわれる。よしきりに呼びかけて「お前の巣のように私達の生活を堅固にしてくれ、お前の巣はどんな攻撃にも壊されないのだから」という。あるいは「鱒（「黄色い」「赤い」「白い」「黒い」鱒その他がある）の暮しがそうであるように、……の暮しもそうであろう」ともいわれ、そこのところで祈請がそのために行なわれている病人、子供、その他の人の名があげられる。》《姿を見られずに急いで身を隠したい人は、その殻からいっても地面に素早く穴を掘ることからいっても、「見えなくなる」能力を体現化している動物のアルマジロを祈請する。子供の身体的美しさのためには、あでやかな羽のゆえに蜂鳥が祈請される。つまるところある時点で望まれる資質を備えている動物はなんであれ、その援助を与えてくれるように祈請されるわけである。》（ライヘル＝ドルマトフ『デサナ』寺田和夫・友枝啓泰訳）

アマゾン奥地に住むヤノマミ族の祈禱師はつぎのように語る（国分拓『ヤノマミ』）。

地上の死は死ではない。
私たちも死ねば精霊となり、天で生きる。
だが、精霊にも寿命がある。
男は最後に蟻や蠅となって地上に戻る。
女は最後にノミやダニになり地上に戻る。
地上で生き、天で精霊として生き、最後に虫となって消える。
それが、定めなのだ。

人間と地上の生命がつながっている。われわれはこの言葉になにより詩を感じとるのではないか。詩は自然との交歓なのだ。以前テレビ放映されたアマゾンの民シクリンの長老もたしかこんな歌を口ずさんでいた。

森に感謝して　森と共に生きよう
森の厳しさを受け入れよう
森の中で死を受け入れよう

このような感覚が、歌をつくりあげる。自然とともに生きること。みずからがおのずからとして、自然の存在として、生きること。もちろん丸山圭三郎がのべたように、彼らは人間として、言語を持ち、すでに自然から離脱した存在ではあるだろう。

さきに、オーストラリア先住民が数多くの大型生物を絶滅させたというジャレド・ダイアモンドの見解を紹介したが、新大陸に渡った北米先住民もまた、多数の生物を虐殺したという（五十嵐享平・岡部聡・村田真一『絶滅生物の予言』）。しかし彼らは、長い年月をかけて自然との共生を学習した。ダイアモンド『文明崩壊』は、イースター島の社会が大規模な森林伐採によって滅んだことを記す。しかし大西洋南西部のティコピア島では、環境破壊から方向転換し、持続可能な社会をつくりあげたという。新しい伝統を創造したのだ。共生を放棄した民族は自然の復讐によって死滅するほかない。

未開とよばれる民族の中には、かつて存在した文明を捨てて自然を選んだ人たちがいるときく。温故知新を求めたひとびとの本能残基は、自然によびかける呪術によって、魔法の言葉によって、保証されているのではないか。詩が彼らを森につなぎとめる。地上で生き、死んでから精霊となり、最後に虫となって消える存在は、フーコーが『言葉と物』の末尾で消滅を宣告した「人間」ではなく、レビ＝ストロースが『悲しき熱帯』の末尾で南米先住民の社会から見出したと記す「人間」にほかならない。彼らは大規模な自然破壊をせず、まごうかたなき伝統を生きているのだ。もしその伝統が失われ、本能が壊されているとしたら、それは近代社会が無理矢理「文明」を入植させているからだろう。

山田陽一は、数多くの霊にとりまかれ生活するニューギニア先住民ワヘイの音楽について、こう記す。《「うた」の成立にとって、神話や霊という根源的存在が必要不可欠であることは、種々の呪文が「うた」と呼ばれることにもあらわれている。》《「本当のうた」には、樹木としてのアイデンティティ、大地にのびる根、根としての神話、神話的概念としてのビッタガス、演奏の共同性、男と女、恨みと報復、高い音と低い音、音の衝突と離反、ポリフォニー、波の動き、川の流れ、川を分節するソンゴカグ、ソンゴカグを越えてさまよう霊、怯えと崇め、グハとしての揺れ、霊と音の動態、そして霊の超越的な力といった因子が備わっていなければならない。》(『霊のうたが聴こえる』)

音楽は、声は、歌は、詩は、世界のすべてと結びつく。それは抽象化された静謐な天体の音楽ではない、ざわめく地籟、地球の生命の音楽と一体化する。精霊の奏でる地表のざわめきを聞き取り、共鳴し、交響するのだ。

シャマニズムのばあい

歌の変容は宗教観念の変容にほかならない。マレー半島の先住民テミアーの歌も精霊とのふかいかかわりを持っている。その儀礼においては歌と踊りが分離していて、精霊と交信し歌う霊媒師は無意識の状態にあるが気を失うことはなく、対して舞い手は周期的に忘我状態に陥るという。ココ椰子の葉の揺れるさまをランブータンの木の霊がながめ、それを霊媒師がこんなふうに歌う(マリナ・

ローズマン『癒しのうた』山田陽一・井本美穂訳)。

私は座っている、(葉が)風に吹かれてやさしく揺れる。
若い女のランプータンの果実の精霊が、ゆっくりとぶらぶら踊る。

その声にのせて、踊り子はからだを木の葉のように揺らす。身体が異化され、歌声も変容する。テミアーの詩作行為では、《夢に出てくる隠喩的で明瞭には知覚できないことばが多用され、類韻や脚韻、地口の反復といった修辞技法が用いられる。こうした技法はすべて、ことばがもっている、感覚に訴えかける音の響きを強調するものである》とローズマンはのべる。日常言語から異化された、詩的言語の起源がここにはあるのだ。さきの儀礼で、舞踊手は意識を失い自然と合一するけれど、歌い手は自然にあふれるむすうの音の中から、霊のことばを抽出し、翻訳し、人間界に伝える役割を担っているように思われる。

フエゴ島オナ族(セルクナム族)の巫女ローラは、治療や、狩猟や、巫女同士の技くらべなど、いろいろな歌を歌うが、それはどれも低音の単調な歌いだしではじまり、おなじことばをくりかえしながら、突如として、この世の人とは思われぬ声音に変わるという。彼女の魂は、天空にある霊の世界に移っているのだ。鯨の歌では、霊を憑依させるため、その動作を真似る。歌いつつ海辺で鯨を支えるような動きをし、霊を招き寄せる。その死骸の上で乱舞するカモメの群れが真似られ、鯨の霊が憑りうつると声は一変する。そのとき彼女は鯨になって歌っているのだ（秋山龍英『失われゆく音楽をもとめて』）。

そらクジラがやってくる　いまわたしの所にやってきた
なぜこないんだい　わたしはショーンから話しかけているのだよ
雄のクジラ　父なるクジラは　いまわたしの所に降りてきた
わたしは待ち遠しい　いまは泣きぬれて語ってはいるが、やがてカステン湾の黒い小石となってきらめくその日が――

ここまでずっと俺は、吉本隆明のように自然と人間を対立したものとみるのではなく、自然と共存し融合する手段としての讃歌の役割を強調しているのだが、自然生命に訴えかけていたことばは、巫術の呪言では逆に動物や植物の側から発せられ、人間によって聞きとられる。人間が自然になりすます。アニミズムが自然の中にカミを見出し、訴えかけることだったとすれば、シャマニズムはカミが人間に語りかけること、あるいは語りかけているかのようにふるまうことだと考えられるのではないか。発語主体と受語主体が入れ替わり、人間が優位に立つ。前章でみたアイヌの神謡もそうだけど、人間の自然支配のために動物のことばが捏造され、都合よく利用されているようにも思える。

しかしまた、あるいは、自然への回帰を求める右脳の働きが、分析的理性をせきとめ、意識変容状態をつくりだし、異生物種間交流をうみだしているのだと考えることができるのではないか。人はあるときある土地ではココ椰子に化り、ある場所では鯨に化る。人間に他生物が憑りうつり、流動していりまじり、それによって生類の声を発し、それを聞き取り、まなび、共生する。シャマニズムは自然や事物の純粋言語を理解しようとする努力のはてにあらわれた、人間が自然を破壊しつくさないための装置だったのかもしれない。

しかし北方フィン族の熊歌はこのようなぐあいだ（ウノ・ハルバ『シャマニズム』田中克彦訳）。

おまえを殺したのは俺じゃない
また俺の仲間の者でもない
おまえが自分でつまずいたんだ
おまえが自分で枝からすべったんだ
おまえの黄金のからだにはひびが入り
おまえの胃袋は木の実がいっぱいで裂けたんだ

この歌はもはや精霊への訴えかけでなく、狩りの獲物として動物を殺害することへの、人間の側からの一方的な言い訳になっている。柄谷行人のいう「我－汝」から「我－それ」への切換えは、このような供犠においてなされるものだったと理解できるだろう。

アフリカ人の世界観

つぎはザイール奥地のピグミー族による勇壮な象の歌（酒井傳六『ピグミーの世界』）。

濡れている森の中で、
風を受けて、夜がきた。
空に星がまたたいている。
森の霊がさまよっている。
射手よ、弓をとれ
おびえる森の中で、
木々は眠り、葉は死んだ。
猿は木の枝で眼をとじた。
アンチロープは、音もなく動きだし耳を立て、
新鮮な草を食う。
蟬は黙り、歌をやめた。

射手よ、弓をとれ。
大雨に打たれた森の中で、
父なる象は重々しく進む。
おのれの力を信じる象は、
何の怖れももっていない。
大樹林を押したおして、
象は進む。
樹々を食べ、倒し、踏みつぶして、
象は進む。
象はおのれの妻を求めて進む。
聞け、象の足音が遠くにある。
射手よ、弓をとれ。
御身しか通らぬこの森の中で、
射手よ、心をふるい立たせて進め。
巨大な肉が御身の前にある。
丘のごとく進む肉が御身の前にある。
赤い肉が御身の前にある。

射手よ、弓をとれ。

前章で紹介した水牛の歌とおなじく、獲物となる巨大な象への畏敬の念にあふれている。しかしすでに生命そのものに霊は籠められていない。南アフリカ・ズールー族の詩人クネーネは《伝統的ズールー文学において、花はそれ自体美しいものではなく(花自身は自分の姿を知らず、美とはわれわれによって与えられた属性なのだから)、われわれが人間のなかに認めるものと同じような性質と対比したときにのみ実感しうる美の諸性質をふくんでいるのである。》《川、木々、山などの自然現象の全部は、文学の挿し絵的材料の一部を形づくる。しかしそれらが美的な資質——それら自身に美を生じさせる——を与えられることはけっしてない。それらの性質が利用される場合には、人間の資質と対応される。というのも、アフリカ人社会の宇宙論は人間中心であることが理解されなければならないからである》とのべる(竹内泰宏・高良留美子編訳『太陽と生の荒廃から』)。人間によって与えられた「花の美しさ」がある、「美しい花」の様なものなどない、というわけだ。

ホワイトヘッドもまた、事物の性質は、精神によって産みだされたものだという。《自然は無味乾燥なもので、音もなく、香りもなく、色もない。物質のあわただしき、目的も意味もなき、ひしめきにすぎぬ。》(「科学と近代世界」上田泰治・村上至孝訳、世界思想教養全集16『現代科学思想』所収)

でも、花はただ花として、まちがいなく自然環境に実在している(物皆自得)。ズールーより原生的なブッシュマンやピグミーの世界は、砂漠や森といった厳しい自然環境の中で、人間と動物を相対化させているのではないだろうか。ここで人と象との関係は、「我‐それ」でありながら「我‐汝」でもあるように思う。象牙を得るため密猟乱獲する連中とは訳が違うのだ。ケニヤ北部の遊牧民も牛や象を好んで歌うというが、ここでは蝿の歌をみよう(伊谷純一郎『トゥルカナの自然誌』)。

――エチュット(ハエ)が彼らの命を語る。私たちの命は、まったく単純なものだ。水の中であろうが、川の中であろうが、火の中であろうが、私たちはチュットと飛び込んで、それで死んでしまい、おしまいなのさ――

《彼らは、あれほどハエにたかられながら、ハエを有害な昆虫とは考えていない。日本人がカゲロウのはかなさを云々するように、彼らはハエに情を托して人生のはかなさを歌うのである》と伊谷純一郎は書いている。詩経「蜉蝣」とおなじく、これも讃歌が俗謡化したもののようにみえる。ここでも蝿は生命を持った、人間とおなじ世界に生きる仲間と捉えられていると思う。殺虫剤などまいて殲滅する連中とは訳が違うのだ。

気象と歌

洞窟絵画には狩猟対象となる動物しか描かれていなかったことから考えると、原初の歌もまた獲物へだけの呼びかけだったかもしれない。それがやがて、雨や風などの自然現象へと拡がっていったのではないかと予測できる。石川忠久は原初の漢詩として殷時代のこんな卜辞をとりあげる（『漢詩への招待』）。

癸卯の日うらなう
きょう雨がふるか
西のほうから雨がふるか
東のほうから雨がふるか
北のほうから雨がふるか
南のほうから雨がふるか

これは気象予報ではなく、興の原型というべき、雨を願う呪術だ。文字に記されることで、歌は声という根源をうしない、痕跡となり、文学テキストとしての詩になるが、白川静にいわせれば、漢字もまた呪術だった。それはいのりを硬い物質に刻みこむという、苦心の行為遂行をともなう身体表現なのだ。

南東ヨーロッパのギリシャ人も雨を乞う儀礼でつぎのように歌う（フレイザー『金枝篇』第一巻）。

ペルペリア、露もてすべてのものの装い新たに、
すべてこの辺りをば新たならしめよ。
森を、道を
汝行く所今神にぞ祈るなり。
おお我が神よ、我らがため
野に雨をば降らせ給え。
実り豊かにブドウに花咲くを我ら見ん。
穀物は実りて重く垂れ、
人々皆富み栄えんことを。

つぎはモアブのアラビア人の雨乞い歌（同前）。

おお、雨の母よ、おお、永遠の人よ、眠れる種子を潤しておくれ。
シャイフの眠れる種子を潤しておくれ、常に寛大なる者よ。
雨の母は嵐を呼びに出かけた。母が帰ってくると、穀物は壁ほども高く伸びる。
雨の母は風を呼びに出かけた。母が帰ってくると、農作物は槍ほども高く伸びる。
雨の母は雷を呼びに出かけた。母が帰ってくると、穀物はラクダほども高く伸びる。

こうした気象によびかける歌は、農耕の発展ともみっせつに繋がっていたろう。遠く離れたラオ族の呪文とも共通するものだ。

オーストラリア北岸の先住民は、モンスーンの季節になると求愛のため、つぎのように歌う（石原武『遠いうた』）。

稲妻の蛇の舌がちらちら巻きつく
椰子の葉の向こうから
稲妻の光は雲をつらぬき
蛇の舌が揺らめく
海の向こうに　聖なる木のあそこから
空いっぱいに舌が揺らめく　立ち上がる雲の上に
空いっぱいに舌が揺らめきねじれる
海辺の村のあたりに
稲妻は雲をつらぬき　蛇の舌を明滅させる
椰子の葉の輝く葉先まで舌が走る

空を走る稲妻の閃光が、性の結合の象徴としての蛇にかさなり、愛の行為は超自然的な力と結びついて、ただならぬ興奮を男女にあたえるのだと石原はいう。この歌には、生命体と現象が、精霊と大いなる霊とが、流動し、融合しているように思える。自然への祈りと賛美が、男女の求愛と接続されたとき、このような歌、抒情詩が、あらわれるのではないか。この豊かな比喩による美しい天空への想像力は、アメリカ先住民テワ・プエブロ族のこんな歌を思いださせる（金関寿夫『魔法としての言葉』）。

ああ　わたしたちの大地の母　ああ　わたしたちの大空の父よ
わたしたちは　あなたがたの子供
　疲れた背中に　あなたがたへの贈り物を背負ってやってきました
だからどうかわたしたちの母　わたしたちの父よ
わたしたちに光りの衣服を織ってください

朝の白い光りを縦糸にして
夕方の赤い光りを横糸にして
降る雨を縁ぶさにして

空にかかる虹を縁どりにして
わたしたちに光りの衣服を織ってください
　それを着てわたしたちは
鳥の歌う森　みどりの草原を　行くでしょう

うつくしい自然と美しいことばがいりまじる。大地と天空を修辞につつみこんだテワ・プエブロ族とはちがって、タスマニアの伝統詩では、こんな素朴な生命感あふれる春の歓びが歌われていた（デボラ・B・ローズ『生命の大地』保苅実訳）。

春だ
鳥がさえずっている！
春がきた
雲はみんな照っている
フスチアの花が頂に
鳥がさえずっている
みんな踊っている

春なのだから
みんな踊っている
春なのだから

これもまた精霊に祈る呪文というより、自然と季節のめぐりのなかで男女がよびかわす抒情的民謡と解するべきだろう。つぎのブッシュマンの女性による草の歌は、まるで詩経の恋愛歌のように美しい（バン・デル・ポスト『カラハリの失われた世界』佐藤喬・佐藤佐智子訳）。

わたしが手にしている
この草のたば、
まだ野に生えていたころ、
草は風に泣いていた、
雨よふれ、と。
一日中、わたしの心は
日の中で泣いている、
猟人の帰りを待ちながら。

個人の歌を持つ民族

スリランカの狩猟採集民ベッダ族は、楽器を持たず、集団で歌うことなく、個人個人ばらばらに歌い踊ることで知られている。彼らは労働を共同して行なうことがほとんどない。ただし例外として蜂蜜を採集するときは数人で作業をするらしい。むかしはそのさいの特別な歌があったようで、藤井知昭は老婆が記憶していたこんな歌を書き留めている（『民族音楽の旅』）。

大きなマウィラのツルの、密林のつなをおろした、おろした
煙でハチを追いはらう
ハチの巣は、鉄の剣で切りさかれる
ミラランィの妹たちのために
夫たちは歩みよって話す
ここにはなにもない
ミラランィの妹たちはおなかがすいている

これは労働歌というより、もともと蜜を採るための呪文だったように思えるが、はっきりしたこ

とはわからない。
ベッダ族もそうだが、北東シベリアに住むチュクチ族も、ひとりひとりが自分の歌を持っている。歌はあるとき突然そのひとのところにやってきて、生涯の歌になるという。
チュクチ族の女クィトガウトは、ある特殊な事情から、生れたときすでに夫が決まっていた。彼女は十八歳まで両親と暮らし、夫ルリトゥィエトとは好きなときに会い、祭りのときには夫の家で主婦のつとめをしたが、ともに寝ることは許さなかった。あるときルリトゥィエトは六十キロの道のりを歩いて、クィトガウトの家までやってきたが、彼女は少し話しただけで、夫を追い返してしまう。そのとき、歌がルリトゥィエトのもとにくる。

わたしだ、愛しい女よ、聞いておくれ。
わたしは山の頂きを行く。
おまえの愛撫よりすばらしい、おまえの腕よりすばらしい、
胸を引き裂く広大さ。

東には太陽も海もあり、
寄せる波が風とうたう。
わたしはひとりぼっち、おまえのいないのは悲しい。

だがおまえと共に残るのはなおつらい。

指が楽しげな空をなでる。
おまえは川がうねる、あの下にいる。
おまえといるとき、わたしは幸せではなかった。
ここでは雲がわたしとほほえみを分かちあう。

彼女は自分の振舞いを後悔するが、夫はそのまま立ち去り、山へ赴き、憤懣をぶつけるため野生のヒツジを七頭も撃ち殺したあと、山から落ちてひどい怪我を負う。彼が山から落ちたのはヒツジをたくさん殺したせいだと年寄りたちは妻に教える。彼はそのため夢の中でヒツジたちに追われ、苦しめられている。そのとき、看病していたクィトガウトのところにも歌はやってくる。

美しいコートを縫っている。
だれのためかは言わないわ。
まなざしが白いツンドラをさまよっている。
なぜかは言わないわ。
ビーズ玉がきらめいたのが見える。

わたしは待ちわびて、黙りこむ。
それは愛しい人のそり。
彼を待ち、それでもやはり黙っている。
ルリトゥィエトがわたしのところへやってきた。
嬉しいとは口では言わぬ。
頭を低く垂れ、
目がすべてを彼に物語る。

このあと、ふたりは本当の夫婦になり、子供を授かり、幸せに暮らしたという（レベジェフ＋シムチェンコ『カムチャトカにトナカイを追う』斎藤君子訳）。

まるで平安の歌物語みたいにすてきな逸話だが、歌が主体のように、個人のもとにやってくるという表現はとても面白い。北方民族によくある巫術がここに生きている。雄大な自然が歌われ、ゆえなく殺された羊たちの霊がこころのなかを浮遊する。歌が生涯のものになるとは、守護霊のように存在すると考えると大袈裟だろうか。マリナ・ローズマンも、テミアーの霊媒師のこんな言葉を紹介している。「うたが筒のなかに入り、そのうたがおれのところにもどってくる夢をみたんだ。」「森のやり方。ジェンジェーグの蔓。おれはその心の魂からうたをもらったんだ。心の魂……（守護霊の心の魂が、だれかをとおして歌うとき）その人自身の心は、どこかよそにあるのさ。」（『癒しのうた』)

山口昌男は《近代詩は共同体的感情の紐帯から切り離されるか、基盤としてその様なものを失った個人の孤独の魂の叫びとも言い得るならば、未開社会の歌謡＝詩は、共同体を媒介として過去と現在の交錯のうちに広がる感情の母胎とも言えるのである。共通の生活様式と共通の目的と、共通のイメージと語彙と共通の儀礼と呪術と、共通の生活感情を持つもののみが頒ち合える感覚と感情がその中に宿されているのである。この場を除いて未開社会の歌謡は存在しないと言ってよい》と書く(「未開社会における歌謡」)。そのような、個人の感情と、社会と、言語を、さらに大きな存在へと結びつけてゆくことこそが、生きることの真の意味だと、さきにふれたチュクチ族の詩は教えているように思える。

自然が歌われはじめる

《自然の中に生活をすれば自然を描写した詩句が生まれる、といった単純な構造で文学作品が産み出されるわけではない。》《民謡に純粋な自然描写がなく、つねに比喩的な自然しか歌われぬのも、自然での生活がそのままでは自然描写を生まぬことを示している。》《自然に対していくばくなりとも異なった位相をとることによって初めて自然描写が可能となるのである》と小南一郎は指摘する(中国詩文選6『楚辞』)。

土橋寛も、日本の民謡には自然観照としての叙景歌はほとんどないとのべるが、風景を褒めたお国自慢の唄が、抒情詩としての叙景歌成立を示唆するとしている（『古代歌謡の世界』）。土橋は、記紀や万葉における国見歌の起源を、民間の春の行事に見出す。山の雪が消え、花が咲き、小鳥のさえずる季節、農民たちは自然のことばを合図に、農作を開始する。そうした仕事始めに、ひとびとは老若男女うちつれて、着飾り、御馳走を用意して、山に登るという。古代の国見歌には、花・青葉・雲・煙・水鳥などが素材の型となっていて、それらは呪物と考えられていたというが、そうした発想はのちの民謡にも共通してみられる。風土記などにあらわれる古代の民謡と、明治になって採集された民謡には、驚くほどの類似が認められるという。いくつか紹介してみよう。

高い山から谷底見れば
稲は苗代の花盛り
（弘前付近、盆踊り歌）

奥山の草刈りに　栗の花も咲いたり
藤の花も咲いたり
（山口県、田植歌）

高い山から海の底見れば
鯛やたなごや海老くずや
（広島県、船歌）

土橋による日本古代歌謡研究が、詩経研究と相互に影響をおよぼしあっていることはいうまでもない。自然との距離が、美的な観賞の態度を生みだす。というより、個別の本質としての精霊から、総合的・普遍的な本質を見出すようになったとき、大いなる自然という観念が生まれるのではないか。そして呪文は讃歌になる。やがては叙景としての自然が歌いあげられる。つぎのイヌイットの歌は、グローセ『藝術の始源』でも紹介されているものだが、ここでは山口昌男前掲論文から引こう。

あちらの方、南なる大クーナックの山
私がそれを見る
あちらの方、南なる大クーナックの山
私がそれを眺めている。
あちらの方、南なる輝ける光
私がそれを嘆美する。
クーナックのかなたには
押し拡がっている
クーナックを

海の方に限っているもの（雲）が。
見よ如何に南の方なる雲が
動き又変化するか
見よ如何に南の
雲が互いに美しさを添えるかを。
山の頂は海の方に向っては
隠されている。
互いに美しさを添えながら
変化する雲によって
海の方に向って隠されている。

牧歌・農耕詩と民謡

俺らは通常、文学のみならず、絵画や映像作品でも、そこに豊かな自然描写をみたとき、詩情を感得する。詩と自然は感情的に結びついている。つぎにあげるのは土居光知が紹介している中世のかっこうの歌。ラテン語の賛美歌とともに記されており、おなじ曲調で歌われるもののようだ。これは英国最初の抒情詩とよばれているらしい（『古代伝説と文学』）。

夏は来にけり、声はりあげよ、かっこう、
種は萌え、野に花さき、森は若みどり、うたえ、かっこう、
牝羊は子羊よび、牝牛は子牛に鳴く、
牝牛は踊り、牝羊はたわむる、楽しくうたえ、かっこう、
かっこう　かっこう　よくぞうとう　つづけざまにいま、
うたえ　かっこう、いま、うたえ　かっこう
うたえ　かっこう　うたえ　かっこう　いま。

貴州省侗族の歌とおなじく、カッコウが歌われている。神への感謝と、自然とともにある喜びが対になって歌われるのだ。これは古代ギリシャ以来の牧歌の伝統にのっとっているもののように思われる。安村典子は牧歌の起源が豊饒を祈る農耕儀礼にさかのぼれることを示唆する（川島重成・茅野友子・古澤ゆう子編『パストラル』）。英国ではドライデンがベルギリウス「農耕詩」を翻訳し、十八世紀に農耕詩の流行をみたという。海老澤豊によると、農耕詩と牧歌（田園詩）は違った原理を持っている。農耕詩の原理は、楽園を追われた人間が労働によって荒野に文明を生み出し、交易や商業を介して進歩してゆくというもの。いっぽう牧歌の原理は、原初の楽園に想いをはせ、堕落した宮廷や都市生活を軽蔑し、無垢な田園や辺境を讃えるものだという。また、十八世紀英国における農

耕詩とは、英雄叙事詩などとおなじ技巧的な詩形をとり、読者を導く教訓詩であり、労働の価値を称揚し、最終的に英国が慈悲深い最強国であることを強調する政治的志向の強い様式だったと海老澤は指摘している（『田園の詩神』）。

そうした様式は、農村共同体の崩壊とともに衰退する。そのあと登場したのが、ワーズワースをはじめとするロマン派詩人だった。ワーズワースは抒情民謡集の序文で、田舎の生活は自然の美と人間の感情を一体化させる、と記す。その詩形式は庶民の語り口をもって描かれているという。ロマン派の詩は共同体の軛から解き放たれ、自然と個人の感情をちょくせつ結びつける。ワーズワースは西洋最大の自然詩人となった。バジル・ウイリーによれば、ワーズワースは少年時代に持っていた、個個の事物に霊性をみるアニミズム的感覚から、しだいに洗練された汎神論を形成していったという（『十八世紀の自然思想』）。これはワーズワースが自然を永続するものとみるのにたいし、シェリーはうつろいゆくものとみなしているという、ホワイトヘッドの指摘につながる（「科学と近代世界」）。シェリーは個別の本質を見出しているとワーズワースが自然を普遍的本質と捉えているとすれば、シェリーは個別の本質を見出しているということになろうか。

高木仁三郎は、十八世紀になって西洋人の自然観が科学的・理性的なものと、感性的・身体的なものとに分裂してしまったと指摘する（『いま自然をどうみるか』）。右脳がせきとめていた分析的理性が、ここにきて迸り、爆裂し、ことばは呪力を、魔法をうしない、自然を屈服させるために働きはじめる。もうひとつの自然観は科学と切り離され、情緒へ追いやられてしまった。ロマン主義文学の自然讃美の底には、自然からの収奪がうら悲しく反映されていると高木はのべる。産業革命のただなかで、ワーズワースはそれが消え去ることを意識しながら、自然讃美をつづけるしかなかったという。しかしロマン派の思想はただ自然を意匠として観賞するのでも、人間の手でつくりかえられるものと捉えているのでもなく、そこに自我を没入させ、一体化することを望んでいるようにも思える。

海老澤豊はロマン派に農耕詩の残響を聞き取っているが、薬師川虹一はワーズワースの詩に牧歌と街頭民謡の伝統が流れ込んでいるとみる（『イギリス・ロマン派の研究』）。となれば、その思想はヘルダーの民謡という概念と一致するのではないだろうか。

大航海時代を経て、多くの野生の民族が西洋人に発見された。彼らは野蛮人と認定され、搾取殺戮絶滅されたが、ルソーをはじめとしたごく一部の偉大な思想家は、自然の楽園に生活するいまだ堕落しない高貴な民族と捉えた。そうした土着の文化が西洋に輸入される。ヘルダーは古代人や未開人とよばれる存在の歌から民謡という概念をつくりあげた。ヘルダーはこうのべる。《民族が野生的で、即ち生々と奔放自在であればある程（略）、そこにもし歌謡があるとすればその歌謡も亦それだけ野生的で、即ちそれだけ生々と、奔放自在で感性的であり、抒情詩的に行為するべきものです。民族が人巧的な、学的な考へ方や言語や文体から隔れば隔る程、それだけその歌謡も亦紙のために作られた詩や、死んだ活字句なんかではなくなるべき筈です》（『民族詩論』中野康存訳）

人為より自然、知性より感性、規則より自由、推敲より即興、活字より声、目より耳、文明より野性を優位に置いたヘルダーの民謡論は、古典主義詩学への批判を超えて、西洋近代文明の価値観全体を転倒させる試みだったと吉田寛は指摘する（『民謡の発見と〈ドイツ〉の変貌』）。民謡の「民」とは、ドイツ民族であり、階級を越えた民衆であり、さらに西洋世界も非西洋世界も包み込んだ民衆＝民族といえる。それこそほんとうの文化相対主義だ。ゲーテの世界文学もこの発想に多くを負っているだろう。しかし、にもかかわらず、ヘルダー自身はきわめて書字的な人間で、民謡の口承性に切り込まず、その野生観はもっぱら文献から取り出した詩歌にもとづいて抽出された特性だったと阪井葉子はのべる（細川周平編著『民謡からみた世界音楽』）。吉田寛も、詩は読まれるものでなく、音声を伴って歌われるものとヘルダーは考えていたというが、編纂された民謡集は歌詞だけが収録された、伝統的な詩歌集と変わらないものだったと指摘する。ヘルダーの意図に反して、歌は読まれる詩に変容していくのかもしれない。ともあれ、ワーズワース以前の西洋でも決して自然を謳う詩は存在しなかったわけではなく、牧歌や民謡というかたちで魔法の言葉が保持されてきたのではないか。

アフリカとインドの呪文

いまひとたび、野生の魔法の言葉に戻ろう。アフリカ大陸は呪文に満ちあふれている。ジョン・S・ムビティ『アフリカの宗教と哲学』はアフリカ諸民族のたくさんの祈禱や儀礼歌を紹介しているが、マジシ・クネーネとおなじくその世界観は人間中心だとのべている。しかしオスマン・サンコンの好著『大地の教え』では、人間と自然の調和が語られているし、J・ベアード・キャリコットのいうように、アフリカ人の生活や経験に根ざしたエコロジーを構築することが重大な緊急課題となるだろう（『地球の洞察』）。ムビティの著作に記された祈禱は詩情（すなわち自然観）にとぼしいので、ここではマリノフスキーの弟子にあたるケニヤッタが記すギクユ族の愛の呪文を引こう（『ケニヤ山のふもと』野間寛二郎訳）。

最愛の者よ。あなたの胸をひらいて、私の愛の言葉をうけとる用意をしておくれ。
私があなたを愛していることを、私はあなたに知ってもらいたいのだ。私にとって、あなたは
太陽、月、暁の星の光りのようだ。
私の愛の言葉を聞いたあなたは、私によい答えをくれると私は信じている。悪い答えを聞くゆとりが、私の胸にはないからだ。
太陽の光りのなかに私の愛の魔術をつつんで、私はあなたに送った。それが私の真実の愛をあなたにしめすだろう。
朝の太陽の暖かさをとおして、魅惑の力があなたの胸にはいって行くだろう。胸をひらいて、
私の真実の愛の言葉を、やさしくうけとっておくれ。

抒情的な恋愛詩の原初の状態がほのみえるような気がする。古代インドのアタルバベーダにも、

女子の愛を得るためのこんな呪文がある。

仲むつまじく木にまとう、蔓草なしてわれを抱け。われのみなれが恋を得て、あだし契りは結ばざれ。
天路を指して飛ぶ鷲の、翼に地の面搏つごとく、われのみなれが恋を得て、あだし契りは結ばざれ。
一日のうちに天地を、廻る日の神さながらに、〔なれの心をわれ廻る〕。われのみなれが恋を得て、あだし契りは結ばざれ。

（辻直四郎訳）

これは植物から作った秘薬を女性に塗りながら唱えるものという。詩経の草摘み歌もそうした魔術が転じたのかもしれない。また水神を祀る渡河の詩とどうように、リグベーダでも、河の神が讃えられる。

水よ、汝らの比類なき偉大を、詩人は高らかに宣らんとす、ヴィヴァスヴァット（最初の祭祀者）の座（祭場）にありて。彼ら（河川）は、七条ごと三重に流れいでたり。奔流する諸川の中にありて、シンドゥ（インダス川）は力により、〔これらの〕先頭に立ち、〔これらを〕凌ぎて〔進む〕。

〔略〕

その響は地の面をこえて天に達す。〔シンドゥは〕限りなき・荒き力を〔天に〕冲せしむ、光輝を伴いて。雨（飛沫）はあたかも雲間より遠雷をとどろかす、シンドゥが牡牛のごとく吼えつつ進むとき。

（辻直四郎訳）

古代文明と古代宗教

こうした自然神の讃歌は、バラモン教成立以前の、インド先住民の思想がまじっているのかもしれない。現在差別を受けている先住民の文化には、はるか古代のインダス文明につうじるものがあるらしい。ピグミーやブッシュマンの視点からアフリカの世界観を相対化し、インド先住民の世界観からヒンズー文明を相対化する必要があると思う。

インドとおなじ人種に属する古代イランのゾロアスター教典でも、河を本体とする女神アナーヒーターが讃えられている（岡田明憲『ゾロアスター教』）。

彼女は力強くして光輝あり、背高く好き姿なり。
彼女より流下せる水は、昼に夜に、運び来たれる、
〔その水量の豊富にして偉大なこと〕あたかも大地を流れる水の全てなるが如し。

彼女は力強く流れる。
――彼女の富と光輝により、我は彼女を祭る、
聞きとどけらるべき祭りをもって。

岡田明憲は《ゾロアスター教では、動物の虐待を禁じ、荒地を灌漑して種子をまくことを勧める。海や川を汚染する者を罰し、樹を枯らすのは悪魔の仕業と考える。このような宗教を説いたゾロアスターは、古代にあってまれなる動物愛護者であり、エコロジストであったと言えよう》と指摘する（『ゾロアスターの神秘思想』）。

古代宗教はまだ、自然への祈りの感覚を濃厚に保ちつづけていた。大河に育まれた文明は、川におびえ、川を愛し、よびかける。古代エジプトにもこのようなナイル川の讃歌がある（筑摩世界文学大系1『古代オリエント集』屋形禎亮訳）。

魚どもの主にして、
水鳥を上流にのぼらしむるもの。
〈熱風のゆえに〉（河を）下れる鳥なし。
神殿の典礼を維持させんがために、
大麦をつくり、（エンマー）小麦を創りしかれ。

かれもし弱ければ、
鼻孔は塞がれ、すべての人は貧し。
（かくて）神々の食物乏しくならば、
百万人、生者のうちより滅びん。

（略）

食物を持ち来れるもの、
糧食に富めるもの、
あらゆる良きものの創造者、
尊厳の主、芳香甘きもの。
〈かれのうちには充満のみあり。〉
家畜のために草を生やしめ、
冥界、天上、地上をとわず、
その権威に（服する）すべての神に供物を与えるもの。
両国を所有し、倉々をみたし、
穀倉を広くし、貧者（に）ものを与えるもの。

自然が支配される

このような自然神へのよびかけが、単一神の讃歌となり、王権の讃美になる。柄谷行人が明快に論じるとおり、《氏族社会以後、つまり、国家社会では、「汝」としての精霊（アニマ）が神として超越化され、他方で、自然および他者はたんに操作さるべき「それ」となる。》（『世界史の構造』）

古代ヘブライの詩篇では、こんなふうに自然が謳われる。

彼は地をその基いの上にすえた、
地は永遠にゆるぐことがない。
淵は着物のように地をおおい、
山々の上に水があった。
あなたが叱咤すると水は逃げさり、
あなたの雷の声によっておいはらわれた。
水は山々に上り、谷に降り、
あなたが定めたその所に落ちついた。
あなたは境をもうけて水が越えないようにし

ふたたび地をおおうことのないようにした。
谷間に泉を湧き出させ、山々の間を水は流れる。
水はすべての野の獣をうるおし、
野ろばもその渇をいやす。
その上に天の鳥が住み
小枝の間でさえずる。
彼はその高殿から山々に水を注ぎ
天からの賜物によって地は飽き足りる。

（関根正雄訳）

ここにコスモスの思想の残滓をみることもできるが、やはり豊かな自然が唯一神に創造されたとする観念に覆いつくされている、と考えるべきだろう。神がカミを凌駕する。神は人間の似姿になる。世界は社会に追い越されてゆく。神の名のもとにおいて、人間が自然を支配するのだ。山本健吉は、社会の共同性から解き放たれた作者個人の孤独の心の告白と、詩を自立させる錬金の秘術がこらされることを、独善的な伝達機能の停止と捉えたが（『古典と現代文学』）、そのまえに、自然へのよびかけを喪ったとき、第一の詩の機能停止が始まっていたのではないだろうか。

十九世紀半ばに採取されたアルプスの祈禱では、キリスト者によって自然の精霊が邪神として封じ込まれるよう歌われている（武田昭『歴史的にみた　ドイツ民謡』）。

神よ守らせ給え、そして聖ペトロ様、
聖ペトロ様は鍵を右手に取りて
クマの道を封じ給え！
狼の歯を
山猫の爪を
鳥の嘴を
龍の尾を
石の飛来を封じ給え！
神よかかる悪しき時よりわれらを守らせ給え！

苦悩と怒りが歌われる

歌は変質した。精霊への呼びかけは、精霊を支配するものとなった。これは詩の進化とみるべきなのか、退化と捉えるべきなのか。発達した文明がいきづまり、社会秩序が崩れると、絶望と虚無の中から、個人意識が表わされる。古代エジプトでは、「生活に疲れた者の魂との対話」「イプエルの訓戒」といった不安の文学が現われる。アステカの王ネサワルコヨツルは、統治者・知識人・思索者としての葛藤と苦悩を、神と自然の中に解き放つため歌う（野中雅代編訳『アステカのうた』）。

花に酔い　陽気になれ、
花は　われらの手中にある。
花の首飾りを
いま　かけよ。
雨季に育つ　われらの花、
匂やかな花が、
いま　ひらく。
そこを　鳥が飛ぶ、
さえずり、歌う、
神の家を　知っているのだ。
われらの花だけで
しあわせだ。
われらの歌だけで
悲しみは　消える。
ああ　王侯たち、このように

おまえたちの苦しみは消えていく。
生命の神は　花を創り、
花を　地上に降ろされた、
みずからを創りし者、
喜びの花、
この花で　おまえたちの苦しみは消えていく。

古代中国でも、変風変雅とよばれる詩が登場する。個の（孤の）苦悩が、嘆きが、怒りが、天にむけて訴えられ、うたわれる。《執政者に対する怨嗟の声は巷にみち、譖言《しんげん》（人を陥れる発言）が横行するという政治的な混乱のうちに、日食が人びとに不吉な予感を与え、つづいて山河もその容を改めるという大地震が起こって、西周の貴族社会はほとんど破局的な場面を迎える。そういう歴史の暗転のうちに変雅の詩が生まれるのである》と白川静はいう（『詩経』）。
小雅「十月之交」はこう歌われる。

はためく雷《いかずち》電《いなずま》に
天が下安からず令《よ》からず
百《もも》の川沸きあがり

山の頂《いただき》崩れ落ち
高い岸は谷となり
深い谷は丘となる
哀しや今の人
なぜについぞ懲《こ》り止めぬ

（目加田誠訳）

こんな黙示録的光景が現実に体験された。災害とともに、まるでショックドクトリンのように、悪政がはびこる。三章ではおなじ小雅「節南山」に孔子の思想と通底するものをみたが、「十月之交」の《どこも豊かに羨《あま》っているのに／私はひとり憂いに居る／ひと皆楽しんでいる中に／私ばかりは休もうともせぬ》という句は、《多くの人は楽しそうに笑い、お祭りの太牢のごちそうを食べ、春の日に、高い台から見はらしているようだ。私はひとり身じろぎひとつせず、何の兆しも見せないでいる。（略）すべての人はあり余るほどもっているのに、私ひとりは何もかも失ってしまったようだ》（小川環樹訳）という老子の言葉と呼応する。それはただの独善意識・孤独の表白ではない。「小旻」では《今や天のはげしいおそれが／あまねく世を蔽うている／この邪僻《よこしま》な政策《はかりごと》は／いつの日に沮むであろう／よい政策には従わず／よからぬ者を反って用いる／その政策を見るにつけ／なんと心の病むことか》（目加田誠訳）と歌われる。

真の伝統へ

孔子や老子は詩の志を受け継ぎ、こんな乱れきった世を変革しようと願ったのだ。柄谷行人は老子の思想を、遊動的狩猟採集民の生活の回復を目指すものと洞察する。もしそうであるならば、その目指す道は、地上に生き、死んで精霊となり、最後に虫となって消えるような世界なのかもしれない。

長倉洋海『鳥のように、川のように』は、アマゾン先住民の思想家にして運動家、アユトン・クレナックのきらめくような数数の言葉を紹介しているけれど、最後にアユトンのこんな詩が引かれている。

自分の道を歩いていこう
伝統を高く掲げ、歌い踊りながら、
火の上を越えて一緒に歩いていこう
私たちが開いていく道は新しい時代の道
新たな伝統を創り上げていく道

アユトンの伝統は、自然や精霊、動物や植物とともにある。これこそが、真の伝統とよぶべきものだろう。詩や神話や、宗教聖典で謳われる、人と神とのこまやかなまじわりは、もとをたどれば大いなる存在との一体化の願望だ。

詩の成立の道筋をかなり単純化してまとめると、まず音声歌があり、自然世界に精霊を認めると、それらによびかける呪文が生まれる。個別の精霊は普遍的な自然神になり、よびかけは呪文から讃歌へ変わる。また世界を説明する神話があらわれる。自然神は人格神へ、人格神は架空の人間へと変わり、英雄叙事詩が語られる。それは支配者の系譜に直結され、小共同体の神話は国家に吸収され、歴史になる。また絶対神を信仰する宗教が生まれ、讃歌と神話は聖典に組込まれる。自然への讃歌は民謡になり、神への愛は歌垣の恋愛詩へ、そして個人の内面と自然の風景がかさなり抒情詩へ移行する。

古代人や先住民の歌謡に目を向け、礼賛したヘルダーをはじめ、自然を謳歌したロマン主義者は、エリオットよりはるかに深い伝統に根ざしていたのではないだろうか。そうした思想と感性が、《民謡の断片、異国の詩の翻訳、未開人の書いたと称する讃歌、食人種の作になるオード、エスキモー詠むところの小歌といった、このところ二十年来巷間に溢れる掘り出し物のたぐいいっさいに彼は見切りをつけたのだった》(「初稿『感情教育』」山田𣝣訳、世界文学大系96『文学論集』所収)というフローベールの邪悪な見解にのみこまれ、象徴主義やモダニズムに替わられる。文学は二極化し、小説が産業社会に奉仕すれば、錬金の秘術をこらされ自立した詩は、孤の独善意識への奉仕を余儀なくさせられる。

けれども詩の根源にある欲求は、自然生命との一体だった。地球生命圏の悪性腫瘍となりはてた人間は、いまこそコスモスの思想・対称性の論理を取り戻さなければならない。もちろん自己満足的に自然を讃美した詩を作ればいいというものではない。それは意識・生活・社会の変革を伴うものでなければならない。左脳と右脳を鍛えあげ、理性と感性を養い、大脳皮質に覆われようにい顕現できなくなった本能の次元を回復させることも必要だ。詩がほんとうに奉仕しなければいけないのは、こうした自然性の回復なのだ。真の思想は自然との共生を志すものでなければならない。ほんとうの詩は、生命との共生を実現するためのものであってほしい。それは言葉の中に自足するものではない。生きること、存在することそのものにつながっている。詩は自然と精霊への祈りの中から生まれた。詩は儀礼をつうじて聖なる世界を体験させ、ざわめく地上の生命と交響する。詩に興こり、礼に立ち、楽に成る。詩は実践する。それは人間が一度さまよいでた世界への回帰にほかならない。

生きとし生けるものの言葉に耳を澄ませ、歌いかけること。

∞　詩の根源へ

あらためて都築響一『夜露死苦現代詩』を読んでみると、付録の対談で谷川俊太郎が、閉鎖的な現代詩から抜け出し、どんどん外の世界へ開いてゆくべきだと過去に主張し、それは『夜露死苦現代詩』の構造と同じだった、とのべていた。

谷川俊太郎の、その「世界へ！」という一文は、《彼が詩を書こうとする時、彼は一篇のすぐれた詩、などという抽象的な観念のために書くのではない筈だ、彼はただ、生活しようとしているのである。その詩を書くことで人々とむすばれ、出来れば一日の生活の資を得たいと願っているのである。》《彼は詩を通して生き続けてゆこうとしているのであって、決して詩そのものを求めて生きているのではない。我々は詩を書くために生きているのではない。生きてゆくために、あるいは、生きているから、詩を書くのである》といった美しい言葉にみちている。彼が詩を書き始めたころ、詩人はみな他に生活手段を持っていて、詩作は生活から自立した行動だった。生活と詩は別別の存在だった。谷川はその中で必死になって詩で稼ごうと苦闘していたという。詩と生活を結びつけようと試みていたのだ。

木々高太郎も最晩年の著作で、日本の自由詩の将来のために、詩人は思想を表明し、生活と生涯を歌うことを恐れず、定形でなく心から湧きいづるものを求め、わからぬ詩が偉いといった誤った考えをやめよ、と主張している（『自由詩のリズム』）。

内輪の言語を打ち破るには、絶えざる他者との交流が必要だ。けれども詩作で金を稼ごうが、別の仕事で糧を得ようが、できあがった詩が人の心を打つかどうかとは違う問題だと思う。商業的売文は、妥協だけでなく、屈服さえ覚悟しなければならない。詩で生活できたのは、谷川俊太郎個人の才能が傑出していたことの証だったというべきだろう。

難解な現代詩と平明なポエム、という対立から出発し、さかのぼってマラルメやエリオットの詩観を眺めてきた。自然から切りはなされ、共同体から切りはなされ、生活から切りはなされ、孤独善意識のうちに閉じ込められた詩は、伝達機能を停止させ、表現を極度に先鋭化させる。言語が磨きぬかれ、研ぎ澄まされ、純粋化する。高い技術をつうじて巧みに研磨されたことばは、多面体の妖しい光芒を放つ。素人にはよういに攀じのぼることのできない孤峰となった現代詩というもの。

グロットマンティカ
グロットマンティカ

ニーペポルトペイン
イイイイイイ

エルソ
マソトムーネ

グロットマンティカ
グロットマンティカ

イーソイーソ
ルンルンルンルン

鈴木志郎康の「口辺筋肉感覚説による抒情的作品」と題された作品2（現代詩文庫22『鈴木志郎康詩集』）。

こうした意味のない、音だけの詩は、未来派やダダイストによって創作され、一九五〇年代には音響詩とよばれる作品の流行をみたという。

もうひとつ引こう。

いまやキューピーマヨネーズは万病の手合いを呼び込み　養命酒の砦を崩しかけているので　ジェット燃料よろしく右手を使って尻の穴にハイオクタンキューピーマヨネーズを浣腸して　もよおす生理の勢いを梃子にしながら　奥さんの性器を急立て　急立てるたびに握力上々キューピーマヨネーズを浣腸して　宿便が通るや　魔羅はぐぐっと皺伸びすっきり黒光りしてきじろすむまま発射されるや　奥さんキューピーを抱きながら天井を突き抜け　ややもせず　ぽっかり屋根をも突き抜け　きらりちらりと大星小星がみえるのであります

こちらはねじめ正一「キューピーマヨネーズ」（現代詩文庫90『ねじめ正一詩集』）から最後の数行。現代詩を読み慣れない人は、なんじゃこりゃ、と驚くだろう。はたしてこれらの詩に「意味」は存在するのか？

すぐれた詩は、《特有の体験の定着をなし得て》おり、《人間の営みの総体とかかわりあう、動態的な全体としての〈表現〉である》と岡庭昇はのべる（『抒情の宿命』）。鈴木志郎康やねじめ正一固有の体験が、これらの詩に定着しているのかもしれない。だが孤独な群衆と化した現代人にとって、ひとりひとりの他者の生を普遍的なものとして知覚するのはきわめて困難だ。一般的に詩は（現代詩であれポエムであれ）書き手の体験と読み手の体験が共鳴したとき、はじめて感動しうるものだろう。意の信憑が成立し、了解可能になるのだ。書かれた物と読む者が相互に補完する。かつて呉智英はねじめ正一の詩をわけのわからないものと切り捨てていた（『バカにつける薬』）。しかしながら、俺は前記の詩を、わけのわからないまま享受し、たのしむ。愛誦するに足る超芸術といってもいい。ことさら奇矯な詩を取りあげたのは、わかったようなわからないような作品より、まるっきりわけのわからない作品のほうがはるかに魅力的で面白いからだ。

視覚詩とよばれる、目で味わう詩も、マラルメやアポリネール等等の実験的表現を経て、やはり一九五〇年代に、ドイツやブラジルで具体詩（コンクリートポエム）という、絵画のごとき作品が多数作りだされた。その実例はS・J・シュミット『テクスト詩学の原理』や四方章夫『前衛詩詩論』に詳しい。言葉はここで極端に図形化され、オブジェに近づく。現在でもアスキーアートとよばれる、文字や記号による図像が制作され、インターネット空間に氾濫している。四方章夫は、デジタル詩・コンピューター詩・エレクトリック詩・ホームページ詩・インターネット詩等の具体詩のこころみをHTML詩と呼んでいる。

ではこんな詩はどうだろう（シュミット前掲書、菊池武弘・今泉文子訳）。

木の葉はチラチラと光り
死んだ魂がシクシクと泣く
老境に近づき、すっかり
輝きは自由にまた動けずにキラキラ光り、

そして花のところに
大きな波が目に見えず打ちよせる

私たちは白鳥の歌を愛する
やさしい緑のリラの木があり
とても静かで澄んでいる。
私たちは雷鳴をまばらにし
そして甘美なのこぎりを送る。
そして髪の毛の上に横たわる

うつくしい抒情詩と感じる人もいるだろうし、意味不明の比喩がつらなる現代詩と捉える人もいるだろう。

じつはこれは計算機に語彙と韻と音律を入力し作成されたコンピューター抒情詩なのだ。こうなるともう個の特有の体験も存在しない。偶然に選択された語彙だけがある（日本語に訳されれば音律と韻は掻き消されてしまう）。こんなものは詩ではないと否定するなら、じゃあつぎのような詩はどうか。

作用の
仕天は
作極の
しずみを
焦す
いざつむえ

都築響一が紹介する統合失調症の少年、友原康博の詩（「苔国」）。自動記述式に手当たりしだい書きなぐり、創られたもの（のち投薬によって症状が軽減された友原は、詩作をやめ、自身の過去の詩を否定しているという）。もはや単語自体が意味を持たず、言葉の響きだけで成立している。友原康博の脳内の言語アラヤ識で渦巻きほとばしることばは、通常の論理とは隔絶され、一見するとコンピューター詩に似ているようにみえる。著名な現代詩人の作だろうと、アウトサイダー詩人の作だろうと、コンピューターの作だろうと、わけのわからなさということでいえば、書かれた言葉はどれも等価になる。

鮎川信夫はつぎのように明晰に日本近代詩の流れを要約する。藤村や白秋の時代には、まだ短歌・俳句といった伝統詩的要素が多分に残っており、その基調には歌があった。それが第一次大戦後、社会は急速に近代化され、大規模に変化する。詩の技術はダダ・シュルレアリズムの影響を受け、大きく転換し、どうじに個性の自覚や社会の進歩、懐疑や不安、専門化・機能化といった観念が導入され、伝統的要素は衰微し、歌う詩から考える詩（読む詩）へと展開してゆく（『日本の抒情詩』）。伊藤整も、ボードレール以降の詩は歌う術から認識の術となり、しだいに晦渋になっていったとする（世界文学全集48『世界近代詩十人集』解説）。鈴木志郎康やねじめ正一の前記の作品は、考える詩というより感じる詩といったほうがふさわしく、それは友原康博の詩にもつうじる。意識を超越した普遍的基層が詩を生みだす。詩作は思索を超えるのだ。

いいだももはダダの音響詩とギグユ族の祈禱の歌との類似と相違を鋭く洞察したが（現代人の思想4『反抗的人間』解説）、トリスタン・ツァラは若き日に、人類学誌に掲載された各地の先住民族の歌をいくつか音の表記のまま書き写し、のちダダ詩に転用したのだという（塚原史『言葉のアヴァンギャルド』）。塚原の本で紹介される、フィジーの精霊（ルクバツセニレバ）を呼ぶ儀式の歌をみてみよう。

這う蛇よ、はやく降りておくれ（ドロ・ニ・ガタ・シロ・ヴァレヴァ）
女たちの歌はおまえを招くためにある（テ・ヴァディディナ・セレ・ヤレワ）
南風の大波を送っておくれ（カイ・タライ・ビアウ・ニ・セヴァ）
ルクバツセニレバが空をさまよえるように（ヴォド・カケ・コ・ルクバツセニレバ）

これまでさんざ引用してきた、自然へ訴える異国のことばが、意味を失い西洋世界へ移植されたようにみえるが、ツァラやフーゴー・バルといったダダイストが目指したのは《非人間的状況のただなかにあって、人間的な関係性を保障するはずだった近代社会の言語そのものをあえてバラバラに解体して、もう一度はじめの混沌状態に置くことだった》と塚原は書く。これは種村季弘が名著『ナンセンス詩人の肖像』で、図形詩をはじめとした言語遊戯にふれながら、理性言語に魔術言語を対置させ、《これらの貶められた言語が高次の普遍性を獲得したとき世界は一変し、言語は音楽と遊戯の具として解放されるだろう》とのべているのにもつうずる。古代人は縄文模様・迷宮模様・グロテスク模様・アラベスク・波形模様を好むという。ルロワ＝グーランも旧人の最古の表現に形の異常さに関する反応をみている。種村はまた、ダダがはじまるほんの数年前に、聖霊降誕教会なる宗教法悦運動者から発せられた意味不明の言葉と音響詩の関連に注目している。エドマンド・ウイルソンはダダイズムを象徴主義の一風変わった特殊な展開とみたが、ダダイストたちはアクセルの道でなく、ランボーの道を、始原への道を、ひた走っていたのだ。五章でながめてきたように、音響詩も具体詩も、その始原はネアンデルタール人にまでさかのぼれる、といっても決して言いすぎではないと俺は思う。

どんなに先端的実験であっても、過去の伝統から脱けでることはできない。

人間は伝統から脱けだすことができない。とどうじに、自然からも脱けだすことができない。詩はたんに外界に放出され、書き記され、文字に固定され、鍛えあげられたことばではなく、発生の現場、自然環境ともみっせつに関連する。本論後半では、この問題を追求してきた。詩人の生活や人間の営みの総体といった事柄を超え、生命の普遍的基層に到達するための祈りとしての詩。

能「白楽天」は、まさにこうした詩と自然の関係にふれている。締めくくりにこれを取りあげ、仕舞いにしよう（日本国民文学全集11『謡曲狂言集』横道万里雄訳）。

唐の詩人白楽天が、日本の智慧をさぐるため、遣わされる。海を越えてやってきた彼を、漁師の老人が待ちうけており、たがいの国の風流をめぐって対話がはじまる。唐土では詩を作って楽しむ、と楽天がいえば、老人は、日本では歌を詠んで心慰める、と応える。「そもそも天竺の霊文が唐土の詩賦になり、唐土の詩賦がわが国では歌というわけです。そんなわけで、世界の三大国の人心をやわらげて来たというので、日本の歌のことを大きに和らぐ歌、大和歌と書いて「やまとうた」と読んでおります。」

日本ではしがない漁師の老人でさえ、みごとな歌を詠む。楽天が驚くと、老人は答える。

されども歌を詠むことは
人間のみに限るべからず
生きとし生けるもの毎に
歌を詠まぬはなきものを

老人はじつは住吉明神で、波を鼓にし、龍の声を笛にして舞い遊べば、袖の手風が神風に転じ、白楽天の乗った船は故国へ吹き流されてゆく。

生きとし生けるものの歌、という、古今集仮名序にあらわされた思想が、唐土と比較され、日本固有の詩のありようとして、描きだされている。「鶯の歌をはじめとして、そのほか鳥類や畜類が、人間と同じように歌をよむ例は多くあり、浜辺の砂の数ほど沢山に、生きとし生ける者がみんな歌をよむのでございます」と謡われる。

このような感性が、日本だけのものではなく、人類の普遍的基層にあるのではないかと、ずっと書いてきた。鮎川信夫は歌う詩の魅力について、《それは単純な生命の肯定にあり、その流露感にあるようにおもわれます。そして、歌いたいという詩的心情は、現にとらえられている感動によって、いつまでも全的にゆさぶられつづけたいという願望につらぬかれています。言いかえれば、歌いたいという衝動の底には、人と自然とを調和せしめるような、肯定的精神が秘められているのです》と語る(前掲書)。

人類の基層のさらに奥深くに、生類の普遍的基層が横たわっている。偏狭な民族主義に陥ることなくながめるなら、ベーダや詩経にも、生きとし生けるものへの感覚は存在するとわかるはずだ。「日本を、取り戻す。」などといった、強制と支配のポエムを打ち破り、共生と理解のことばを、取り戻さなければならない。人類の普遍的基層には生命への畏敬があり、万物ことごとく歌うという、生類の普遍的基層が眠っているのだろう。詩の志とは生命力の発露なのだ。

ここにこそ、詩の根源がある。

あとがき

身も蓋もないことを言ってしまえば、詩はよくわからない。もちろん小説や戯曲がわかる、というわけでもないけれど、やっぱり詩はなんだかよくわからない。

もう旧聞に属するが、ボブ・ディランがノーベル文学賞に決まったあとの、小説家たちのうろたえぶりは滑稽だった。歌歌いがノーベル賞ならわたしはグラミー賞を目指す、なんて誰だかの発言は、文学者の思い上がりをみごとに表現してくれた。

エドマンド・ウイルソンのつぎのような予言を読むと、やはり彼は超一流の見識を備えた文学者だったと思わずにいられない。《たぶん、音楽が主役を演じるような時代や社会がくれば、韻文の復活を見ることになろう。》《アメリカ合衆国でも、メロディーと切り離して考えることのできないフォーク・ソングのなかから私たちは真の詩のいくつかをつくりだしてきた。》《民謡のメロディーは、疑いもなく、その歌詞を未来の「詩」のアンソロジーのなかへ運びいれる手助けをするだろう。》そして、シェイクスピアとともに消えてしまった音楽を捕えようと苦心している「詩」の出来合品の多くは、紙に印刷された言葉にすぎなくなり、共鳴を引きおこすことも、本のなかから飛び立つこともできなくなるだろう。》(「韻文は滅びゆく技法か?」)

現在では、言語文化自体が著しく衰弱している。伝達される言葉はどんどん断片化し、簡略化され、漢字は絵文字に替わられ、象形文字を骨や亀の甲に刻みつけた古代人の苦心の作業はスマンポとやら(機械に弱いのでちゃんとした名称は知らない)の画面にふれるだけですまされ、読み書き能力は萎み、言語はポエム化どころかLINE化しつつあるのではないだろうか。


一編の詩を読んで、ふいに心ゆさぶられる瞬間がある。けれども翌日になって読み返してみると、どこに感動したのかもう理解できなくなっている。そんなわからないものを、わからないなりに考えてみようと思ってこの評論を書いた。数多くした引用の中から、気に入った詩をみつけだしてもらえたら幸いです。


この評論を書くにあたって、多くの人の助力を得たが、格別におふたりの方に感謝の意を表しておきたい。

ゾロアスター教研究者の岡田明憲先生は、発表のあてもなく書きつづけられた原稿を、河上肇賞に応募してみないかと勧めてくださった。

応募時の原稿は杜撰な出来だったが、選考委員の山田登世子先生は高く評価してくださり、受賞後も、原稿をよりよく仕上げるためのご助言をいただいた。

両先生とも、「本はいつ出るのか」と、刊行を気にかけてくださっていたが、山田先生は二〇一六年八月に、岡田先生は十月に、突如として急逝された。完成された文章を読んでいただけなかったのが残念でならない。

本書を岡田明憲先生と山田登世子先生に捧げます。

二〇一八年一月

飯塚数人

著者紹介

飯塚数人（いいづか・かずと）

1967年生。学校卒業後は演劇活動に従事。

1999年から演劇評論を書き始める。同人誌に「寺子屋崩壊」「踊る信長」「ジョングレンの活劇」「大衆演劇と世界経済」を掲載。

2010年、「福田恆存VS武智鉄二」で第53回群像新人文学賞評論部門優秀作（『群像』同年6月号掲載）。「木々高太郎論」（『群像』2011年2月号掲載）。

本書の元となる「詩の根源へ」で第10回河上肇賞奨励賞を受賞。

現在、終末と進化を主題にした評論を構想中。

詩《し》の根源《こんげん》へ

2018年3月10日　初版第1刷発行©

著　者　飯　塚　数　人
発行者　藤　原　良　雄
発行所　株式会社　藤　原　書　店

〒162-0041　東京都新宿区早稲田鶴巻町523
電　話　03（5272）0301
FAX　03（5272）0450
振　替　00160-4-17013
info@fujiwara-shoten.co.jp

印刷・製本　中央精版印刷

落丁本・乱丁本はお取替えいたします
定価はカバーに表示してあります

Printed in Japan
ISBN978-4-86578-166-3

❸ **苦海浄土** ほか　第３部 天の魚　関連エッセイ・対談・インタビュー
「苦海浄土」三部作の完結！　解説・加藤登紀子
608 頁　**6500 円**　◇978-4-89434-384-9（2004 年 4 月刊）

❹ **椿の海の記** ほか　エッセイ 1969-1970　解説・金石範
592 頁　**6500 円**　◇978-4-89434-424-2（2004 年 11 月刊）

❺ **西南役伝説** ほか　エッセイ 1971-1972　解説・佐野眞一
544 頁　**6500 円**　◇978-4-89434-405-1（2004 年 9 月刊）

❻ **常世の樹・あやはべるの島へ** ほか　エッセイ 1973-1974　解説・今福龍太
608 頁　**8500 円**　**在庫僅少**◇978-4-89434-550-8（2006 年 12 月刊）

❼ **あやとりの記** ほか　エッセイ 1975　解説・鶴見俊輔
576 頁　**8500 円**　◇978-4-89434-440-2（2005 年 3 月刊）

❽ **おえん遊行** ほか　エッセイ 1976-1978　解説・赤坂憲雄
528 頁　**8500 円**　◇978-4-89434-432-7（2005 年 1 月刊）

❾ **十六夜橋** ほか　エッセイ 1979-1980　解説・志村ふくみ
576 頁　**8500 円**　**在庫僅少**◇978-4-89434-515-7（2006 年 5 月刊）

❿ **食べごしらえ おままごと** ほか　エッセイ 1981-1987　解説・永六輔
640 頁　**8500 円**　**在庫僅少**◇978-4-89434-496-9（2006 年 1 月刊）

⓫ **水はみどろの宮** ほか　エッセイ 1988-1993　解説・伊藤比呂美
672 頁　**8500 円**　◇978-4-89434-469-3（2005 年 8 月刊）

⓬ **天　湖** ほか　エッセイ 1994　解説・町田康
520 頁　**8500 円**　◇978-4-89434-450-1（2005 年 5 月刊）

⓭ **春の城** ほか　解説・河瀬直美
784 頁　**8500 円**　◇978-4-89434-584-3（2007 年 10 月刊）

⓮ **短篇小説・批評**　エッセイ 1995　解説・三砂ちづる
608 頁　**8500 円**　◇978-4-89434-659-8（2008 年 11 月刊）

⓯ **全詩歌句集** ほか　エッセイ 1996-1998　解説・水原紫苑
592 頁　**8500 円**　◇978-4-89434-847-9（2012 年 3 月刊）

⓰ **新作 能・狂言・歌謡** ほか　エッセイ 1999-2000　解説・土屋恵一郎
758 頁　**8500 円**　◇978-4-89434-897-4（2013 年 2 月刊）

⓱ **詩人・高群逸枝**　エッセイ 2001-2002　解説・臼井隆一郎
602 頁　**8500 円**　◇978-4-89434-857-8（2012 年 7 月刊）

別巻 **自　伝**　〔附〕未公開資料・年譜　詳伝年譜・渡辺京二
472 頁　**8500 円**　◇978-4-89434-970-4（2014 年 5 月刊）

〃鎮魂〃の文学の誕生

「石牟礼道子全集・不知火」プレ企画

不知火《しらぬひ》

〔石牟礼道子のコスモロジー〕

石牟礼道子・渡辺京二
大岡信・イリイチほか

インタビュー、新作能、童話、エッセイの他、石牟礼文学のエッセンスと、気鋭の作家らによる石牟礼論を集成し、近代日本文学史上、初めて民衆の日常的・神話的世界の美しさを描いた詩人の全体像に迫る。

菊大並製　二六四頁　二二〇〇円
（二〇〇四年二月刊）
◇978-4-89434-358-0

漢詩に魅入られた文人たち

詩魔 〔二十世紀の人間と漢詩〕

一海知義

同時代文学としての漢詩はすでに役目を終えたと考えられている二十世紀に、漢詩の魔力に魅入られてその思想形成をなした夏目漱石、河上肇、魯迅らに焦点を当て、「漢詩の思想」をあらためて現代に問う。

四六上製貼函入　三二八頁　**四二〇〇円**
（一九九九年三月刊）◇978-4-89434-125-8

「世捨て人の憎まれ口」

閑人侃語《かんじんかんご》

一海知義

陶淵明、陸放翁から、大津皇子、華岡青洲、内村鑑三、幸徳秋水、そして河上肇まで、漢詩という糸に導かれ、時代を超えて中国・日本を逍遙。ことばの本質に迫る考察から現代社会に鋭く投げかけられる「世捨て人の憎まれ口」。

四六上製　三六八頁　**四二〇〇円**
（二〇〇二年一一月刊）◇978-4-89434-312-2

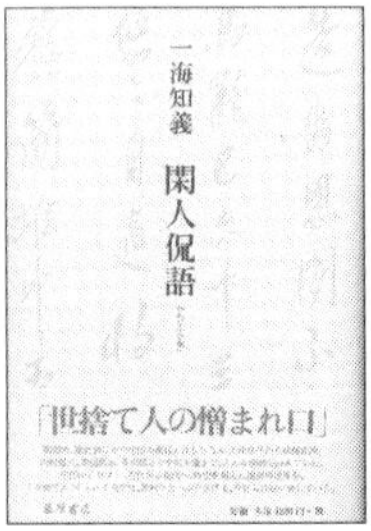

〝言葉〟から『論語』を読み解く

論語語論

一海知義

『論語』の〈論〉〈語〉とは何か？　孔子は〈学〉や〈思〉、〈女〉〈神〉をいかに語ったか？　そして〈仁〉とは？　中国古典文学の碩学が、永遠のベストセラー『論語』を、その中の〝言葉〟にこだわって横断的に読み解く。逸話・脱線をふんだんに織り交ぜながら、『論語』の新しい読み方を提示する名講義録。

四六上製　三三六頁　**三〇〇〇円**
（二〇〇五年一二月刊）◇978-4-89434-487-7

中国文学の碩学による最新随筆集

漢詩逍遥

一海知義

「詩言志――詩とは志を言う」。中国の古代から現代へ、近代中国に影響を与えた河上肇へ、そして河上が愛した陸放翁へ――。漢詩をこよなく愛する中国古典文学の第一人者が、中国・日本の古今の漢詩人たちが作品に託した思いをたどりつつ、中国古典の豊饒な世界を遊歩する、読者待望の最新随筆集。

四六上製　三二八頁　**三六〇〇円**
（二〇〇六年七月刊）◇978-4-89434-529-4

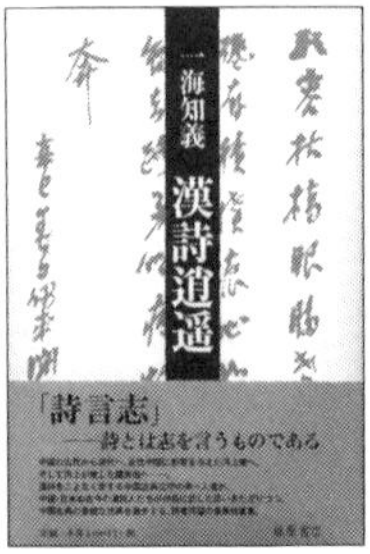